新时代幼儿体育教育丛书

幼儿体育培训指南

陈少青　林　鑫　主编

首都师范大学出版社
CAPITAL NORMAL UNIVERSITY PRESS

图书在版编目(CIP)数据

幼儿体育培训指南 / 陈少青，林鑫主编. —北京：首都师范大学出版社，2021.12（2022.8重印）

（新时代幼儿体育教育丛书）

ISBN 978-7-5656-6783-1

Ⅰ. ①幼… Ⅱ. ①陈… ②林… Ⅲ. ①体育课—教学研究—学前教育 Ⅳ. ①G613.7

中国版本图书馆 CIP 数据核字(2021)第 239524 号

YOU'ER TIYU PEIXUN ZHINAN

幼儿体育培训指南

陈少青　林　鑫　主编

责任编辑　林　尧

首都师范大学出版社出版发行

地　址　北京西三环北路 105 号

邮　编　100048

电　话　68418523(总编室)　68982468(发行部)

网　址　http://cnupn.cnu.edu.cn

印　刷　北京印刷集团有限责任公司

经　销　全国新华书店

版　次　2021 年 12 月第 1 版

印　次　2022 年 8 月第 3 次印刷

开　本　710mm×1000mm　1/16

印　张　8.25

字　数　116 千

定　价　35.00 元

编 委 会

主 编 陈少青 林 鑫

编 委 （按姓氏笔画排序）

杨清风 张芳平 陈少青 林 鑫

范庆磊 郑 雨 赵 凛 高 昆

序　一

2019年8月，国务院办公厅印发《体育强国建设纲要》的通知，要求“推进幼儿体育发展，完善政策和保障体系；推进幼儿体育项目和幼儿体育器材标准体系建设，引导建立幼儿体育课程体系和师资培养体系。”幼儿是国家的未来和希望，幼儿的身心健康，尤其是幼儿体育的发展水平是衡量一个国家综合实力的重要指标。中共中央办公厅、国务院办公厅在2020年10月印发的《关于全面加强和改进新时代学校体育工作的意见》中也明确指出，“学前教育阶段开展适合幼儿身心特点的游戏活动，培养体育兴趣爱好，促进运动机能协调发展”。由于幼儿身心特有的特征，幼儿体育和青少年体育有着明显的不同。根据幼儿的动作发展规律，科学有效地开展游戏化、多元化的幼儿体育运动，是幼儿体育发展的关键所在。

长期以来，我国学校体育教育的相关政策和研究都更加关注7岁以上的儿童，对于7岁以下的幼儿如何开展体育运动还缺乏一套行之有效的手段，这也使得社会培训机构甚至幼儿园开展的幼儿体育活动缺乏相应的理论指导，质量良莠不齐，严重影响幼儿体育运动的有效开展，最终使得我国儿童青少年的体质普遍落后于国际发达国家。用全面系统的理论和方法加强幼儿体育教育，促进幼儿运动的全面发展，培养幼儿对运动的兴趣与自信，意义重大。

《幼儿体育培训指南》编写团队集高校教师、中小学教师、幼儿园教师和幼儿体育研究者于一体，对多年的实践经验进行了提炼与总结。这本书用简单平实的语言，对幼儿体育应该“依据什么教、教什么、怎么教、教得怎么样、如何安全地教”等都做了说明。不仅如此，本书还开创性地提出了“9＋1”类的幼儿运动分类，对幼儿运动项目进行了简单有效的多元化概括，这对幼儿体育从业者更好地理解并掌握幼儿体育教育理论和方法提供了很好的便利，非常适合基层幼儿体育的推广，无疑是一套行之有效的理论和方法。

总之，本书对于规范幼儿体育指导，相关从业者落实国务院对幼儿体育发展建设的目标，建立发展中国特色的幼儿体育课程体系和师资培训体系，打造幼儿体育的器材标准，具有相当重要的参考意义。

衷心希望这本书的出版可以帮到更多的幼儿体育从业者，让中国的孩子们脚下有力，眼中有光，身心一统，兼蓄竞攀。

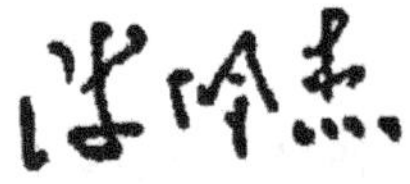

2021 年 11 月 6 日

于上海体育学院

序　二

“新时代幼儿体育教育丛书”从策划到出版，执笔老师和相关工作人员都付出了辛苦的努力，对此，我表示衷心的感谢，非常感谢大家的辛勤工作。

本套丛书将运动充分地融入孩子们的生活当中，对孩子们的身心健康和茁壮成长有很大的帮助，这一点令我感到非常开心。

本套丛书从体育人的视角，遵循儿童的心理特征，始终重视孩子们的生活习惯、生活环境、运动和玩耍环境。

本套丛书在内容编排上，采用了问答的形式，对于老师和家长而言，具有很强的实用性。另外，本套丛书引用了大量的健康科学知识，并进行了简单易懂的理论说明，是非常值得信赖的参考书。本套丛书还大量引入了最新的生活规律研究、体温研究和睡眠规律研究的相关知识，非常令人期待。同时，我还看到了执笔的各位老师从丰富的指导经验中总结了重要事项，可以说，真的是太棒了！

对于幼儿体育的指导者，特别是幼儿园的老师们，本套丛书包含了他们想要了解的理论与实践要点，使得他们可以在保育和幼儿教育实践中有效运用。此外，本套丛书的实操部分还选择性地介绍了符合中国国情的九大类运动游戏，这可以让孩子们快乐地体验多种多样的运动，他们体验后的欢声笑语甚至浮现在了我的眼前。

同时，本套丛书还为体育培训机构的教练做了足够的考虑，因为社会体育实践不仅依赖于经验，还需要指导者对体育教育理论有全面掌握，具备与孩子们交朋友的教育者心态。从作为指导者的经验交流，到详细的教学计划和各种内容要点，以及抓住重点进行简明易懂的说明乃至整套丛书的编排，我都觉得非常好，对此，我真的要表示敬意。此外，本套丛书还包含了有关安全方面的内容，作为体育指导者的必备书籍，本套丛书定能发挥其重大作用，着实令人期待。

早稲田大学 教授

前橋 明

2021 年 10 月

前言

《3—6岁儿童学习与发展指南》(2012)指出，幼儿阶段是儿童身体发育和机能发展极为迅速的时期，也是形成安全感和乐观态度的重要阶段，在此阶段体验和练习内容丰富的体育活动，不仅可以增强体质健康、促进动作发展，还将显著提高幼儿的社会性，健全幼儿人格，因此，幼儿体育也越来越受到相关方面的重视。

当前我国的幼儿体育处于蓬勃发展的新时期，发展中难免面临各种各样的问题，在幼儿体育师资的培养、培训方面就存在指导用书不多，已有著述不够系统、深入的问题。对比中外文献可以看到，我们的教材内容多以游戏为主，体育内涵和运动特征不明显，相应地，户外活动显得简单、随意，缺少体育教学的规范性与科学性，无法满足幼儿旺盛的体验与挑战的心理需求，致使幼儿的动作发展达不到应有的水平。

与幼儿园的班级教学制相比，儿童运动馆大都是小班精品化教学，师生比更高，教学条件更好，内容的挑战性也更大一些，但无论是幼儿园教师还是运动馆教练都存在对教学原理认识不足、运动游戏创编乏力的问题，在实操层面的具体表现是：不敢教、不会教，不知道教什么，以及不知道教到什么程度合适。

综上，幼儿体育教育领域迫切需要一些参考用书，这些书应立足本土一线教师的实际需求，体现国际上同龄儿童的动作发展水平与引领方向，使幼儿教师明白教育学与儿童心理学在体育教学中的具体运用，从而遵循教育学原理和动作发展规律科学施教。为此，全体编委胸怀幼儿体育教育初心，殚精竭虑编撰本书。

全书以教学构成要素为各章节主题展开论述，设问式标题有利于读者快速领会章节要点，作者们孜孜以求，只为耕耘、奉献于幼教事业的老师们提供理论的参考和实操的借鉴。

本书的参编作者均来自于体育教学一线，包括大学、中小学、幼儿园以及幼儿体育学会的研究人员。全书共九章，由陈少青设计提纲，陈少青和林鑫统稿，具体编写分工为：第一章，杨清风(上海市奉贤区青少年活动中心体教部，高级教师)；第二章，范庆磊(华东师范大学附属紫竹幼儿园，一级教师)；第三章，赵凛(国际幼儿体育学会理事)；第四、八章，林鑫(国际幼儿体育学会常任理事)；第五章，陈少青(首都师范大学体育教研部，副教授)，高昆(北京市大兴区永华实验学校，二级教师)；第六章，张芳平(西安金色摇篮世纪城幼儿园，一级教师)；第七章，郑雨(国际幼儿体育学会理事)；第九章，陈少青。

本书在编写过程中得到了大量业内专家的指导与帮助，上海体育学院陈佩杰院长、日本早稻田大学前桥明教授百忙之中审阅书稿并作序，华东师范大学教育学部学前教育系课程与教法教研室柳倩主任、上海市崇明区教育学院学前教育研究室俞建华教研员、西安金色摇篮幼儿园赵京玲园长阅读书稿后写下评语，首都师范大学出版社对丛书的编辑出版给予了大力支持，书中引用了国内外学者的著述，案例和图片均来自于编委们的教学实践，在此对大家的指导、帮助与支持一并表示诚挚的谢意！

幼儿体育研究在我国起步较晚，编者认识水平有限，书中难免存在疏漏之处，敬请同人批评指正，愿与一线教师交流共进，勠力同心，携手做幼儿健康成长的启蒙者和引路人。

编者

2021 年 11 月

目录

contents

第一章 依据什么来教？——幼儿体育的基础理论

第一节 幼儿的心理特征与教学设计

了解幼儿的身心特征是进行幼儿体育教学设计的前提，也是幼儿体育培训的基础，无论你是师范院校的毕业生，还是专业的运动员，或者是体育爱好者，如果想在幼儿体育培训行业有长远发展，都有必要系统、深入地了解幼儿的身心特征。本质上，幼儿的身心特征属于运动生理学、学前儿童卫生学与儿童发展心理学的专业知识范畴，幼儿体育教师应该在此基础上，以体育学的动作与技能为载体，遵循教育学的教学原理与规律，开展教学设计。

掌握幼儿的身心特征，尤其是熟悉幼儿的心理特征，在教学上将事半功倍。如果忽视了幼儿的心理特征，过于强调教学和训练，简单地把幼儿体育理解成青少年体育的低龄化，往往会出现违反幼儿身心发展规律和教育教学原则的行为，很难达成教学目标。“教学要顺应幼儿心理特点才能成功”，幼儿的各种学习行为，最终都可以从心理层面上找到依据，把幼儿的心理特点与认知规律作为教育教学活动的出发点，在心理学理论和体育教学中取得平衡，彰显了幼儿体育教学的理性智慧。站在幼儿的立场上，遵循幼儿的心理特征，用幼儿喜欢的方式教授知识技能，这样的课堂设计才更有生命和活力。

一、幼儿心理特征与运动兴趣偏好

本书所谈的幼儿，主要指3—6岁的儿童。

(一)幼儿心理特征

1. 好奇心强

幼儿天生好奇心强，对周围的一切事物都充满新鲜感，对于一些关注点表现出浓厚的兴趣，想探求个究竟，什么事都喜欢打破砂锅问到底。因此，在教学中设置一些故作神秘的对话情节，将有助于提高幼儿的专注力和教学效果。

2. 喜欢模仿

模仿是幼儿的天性，通过模仿学习一些动作和技能，对提高幼儿学习的积极性和学习效果都有很大的帮助。这一点我们将在第七章进行具体阐述。

3. 情绪不稳

幼儿的情绪波动比较大，远远不及成年人稳定，取得一点成绩就得意忘形，受点挫折又灰心丧气。所以，在教学中要注意避免过多地去纠正幼儿的动作。

4. 抑制力差

幼儿在两三岁时才能出现一些自我抑制，他们很难做到为了某个较远的目标而有意抑制和延缓自己的行为。因此，在教学设计中要注意进阶跨度的合理性，避免过度打击幼儿的积极性。

5. 思维发展存在阶段性

3 岁之前的幼儿更习惯于观察，这个阶段的教学要注意展示动作，少用抽象的语言；3 岁以后的幼儿形象思维得到了加强，这个阶段可以适度增加一些说明的语言。但总的来说，幼儿体育的教学，要注意避免过度的语言阐述，而应该更多地使用简洁的语言和夸张的动作。

(二)运动兴趣偏好

兴趣是最好的老师，幼儿运动兴趣的保持，在幼儿体育教学中至关重要，让幼儿保持运动兴趣的关键在于用游戏的方式引导运动。幼儿天性好玩，游戏是他们独特的学习方式。通过游戏，他们可以在玩中做，玩中学，学中乐，乐中长。玩游戏不仅可以让幼儿学习时乐在其中，还可以激发幼儿的想象力和创造力，学会交往与合作，从而带给他们身心愉悦的情绪体验。当然，游戏是形式，动作发展才是目标，在形式与目标之间，要有具体的幼儿感兴趣的内容才能实现教学目标。下面介绍一些常见的幼儿运动兴趣偏好。

1. 攀爬运动

攀爬运动包括滑梯、绳网、过吊桥等，需要幼儿调动全身的各个部位协调运作，需要手、脚、眼及躯干的协调配合(见图 1-1)。攀爬运动不仅满足了幼儿的好奇心，也使得他们更灵活、更敏捷。每当孩子攀爬到一个新的地方，距离、高度的变化，都会给他们带来新的感觉和体验，既有助于培养孩子的空间感知，又有助于孩子从新的角度去观察环境。

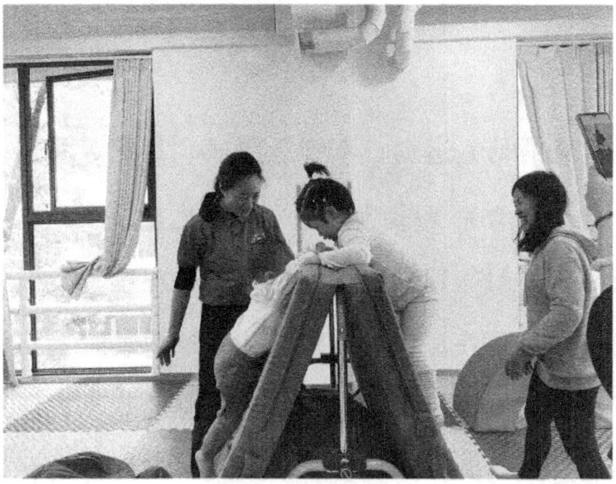

图 1-1 攀爬运动

2. 追逐嬉闹

跑步是培养幼儿下肢力量和发展幼儿心肺功能的重要运动项目，但考虑到幼儿的肺部发育不适合进行高强度的跑步训练，间歇性的追逐嬉闹对于幼儿而言显得更为合适。有的教练和家长让孩子跟着自己在跑道上进行慢跑练习，其实也是不可取的。幼儿更适合自由的嬉闹式奔跑，跑跑停停，追逐躲闪，比如抓人游戏、“老鹰捉小鸡”游戏等(见图 1-2)。

图 1-2　追逐嬉闹

3. 球类运动

球类运动是最常见的幼儿运动，不管是踢球、拍球、垫球，还是投掷球、躲避球等，对幼儿的全身发育都是非常有好处的(见图 1-3)。这里需要注意的是，幼儿不适合练习羽毛球、网球等成人拍类的运动，在进行类似的项目学习时，要使用专门的幼儿塑料拍。另外，在进行踢球和拍球运动时，有条件的情况下，最好用操场球替代篮球和足球。相比篮球和足球，操场球没有项目属性，不仅可以打破儿童项目运动的思维局限，而且具有质地软、弹性好的材质优势，更适合幼儿的运动教学。

图 1-3　球类运动

(三)相应的教学策略

3—6 岁是幼儿动作发展的敏感期，在这一时期，尤其是幼儿的走、跑、跳、投掷等基本动作能力的发展，应当作为幼儿阶段动作或技能学习的主要内容，也是幼儿体育教育的首要任务。相应的教学策略主要有：

1. 规划运动区域，提高活动兴趣

具体措施：(1)教师对幼儿的年龄阶段特点进行分析，并依据这些特点进行运动区域规划。(2)在幼儿的运动活动中，教师能给予适当嘉奖，让幼儿通过成就感体会运动的快乐。

2. 适量提供器材，满足多样需求

具体措施：(1)开展不同的运动方式，并辅以科学合理的运动器材类型及数量，采用分层的方式开展运动活动。(2)让幼儿充分参与到不同的运动活动中，帮助他们了解各种器材的功能与属性。

3. 创设运动情境，增加角色扮演

具体措施：(1)运动场景可以增加具有戏剧性个性的角色，以及具体的故事情节。幼儿通过扮演角色，反复进行一些基本运动，比如跑步、立定跳远、投掷等的练习。(2)2—3 岁的幼儿虽然对新事物充满好奇心，但是他们较难集中注意力，因此在运动活动的过程中，应向这些幼儿解释一些基本运动的要领，让他们理解运动的基本步骤。

二、适宜的运动情境创设与环境创设

创设生动有趣、适宜的运动情境与环境，无疑是激发幼儿学习兴趣的有效方式之一。情境创设的目的是根据幼儿的身心特点、认知规律帮助他们建立一个利于学习的心理环境和认知环境，使他们在良好的心理环境和认知环境中产生对运动学习的需要，激发起运动学习探究的热情，调动起参与运动学习的兴趣。

(一)什么是适宜的运动情境化教学?

适宜的运动情境化教学就是将知识点和运动技能融于复杂的情境之中，引导幼儿主动运用知识和技能来分析问题和解决问题，将原本枯燥无味的学练过程转化成主动探究和自觉接受的过程，提高幼儿的学习积极性和学习效率。比如，很多幼儿不喜欢单纯跑步，但“警察捉小偷”等情境设计，则让孩子乐此不疲。

(二)如何开展运动情境化教学?

开展运动情境化教学需要回答两个问题，一是有利于发展幼儿运动核心素养的情境(有效情境)具备什么特质？二是如何创设有效情境？

1. 有效情境的特质

有效情境需要有一定的真实性并和幼儿从事的活动有某种联系，使幼儿产生情感的共鸣，引发学习的兴趣和动力。有效情境通常具备三个方面的特质：(1)基于生活，即充分考虑幼儿认知水平和生活经验，教学内容与实际生活相吻合。(2)指向目标，即情境创设应指向目标，凸显学习重点，促使幼儿学会动作，运用动作。(3)形象生动，即情景创设是感性的、形象的，看得见、摸得着的，能丰富幼儿的感性认识，能有效地激发幼儿的想象和联想。

2. 创设情境的方法

情境既可以是虚拟的，也可以是现实的。教师可以通过语言、音视频等手段创设观念的、想象的、问题的虚拟情境，还可以通过布置场地、开发和运用器材等手段创设现实情境。

(1)通过语言描绘情境

教师的语言描绘对幼儿的学习起着一定的导向作用，使听者头脑中呈现出运动场景。如跳跃教学时可以描绘出跨越河流的场景，使练习变得刺激又有趣。教师还可以通过提问，创设问题情境，引导幼儿开展探究活动。

(2)通过实物模拟情境

体育场地和器材都可以用作模拟情境的道具。如排成一路的栏架(或轮胎)可以模拟钻山洞的情境(见图 1-4)，堆在一起的体操垫可以模拟孤岛求生的情境，摆在地上的两根跳绳可以模拟跨越小溪的情境(见图 1-5)。这些情境可以激活幼儿的形象思维，帮助幼儿集中注意力，调动幼儿参与的积极性。

图 1-4　钻山洞

(3)通过图像展现情境

图像能够形象生动地展示运动场景。随着多媒体技术的不断发展，图像呈现动画特点，给幼儿带来了新的视觉感受。通过视频动画创设出的情境不仅使幼儿更易于理解和接受，而且能够产生强烈的吸引力，使幼儿更乐于投入到学习过程中。

图 1-5　跨越小溪

(4)通过音乐渲染情境

音乐可以调节人的情绪，音乐旋律和节奏的变化会营造出不同的学练情境。如图 1-6 所示，教师可以根据教材内容特点、教学目标、项目风格以及学练需求，选择相应的音乐素材，以提高教学效果。

(5)通过角色扮演情境

教学中可以让幼儿通过扮演角色来产生角色效应，促使幼儿带着角色的真切感受，渗入自己的情感去理解体育运动的乐趣，加深幼儿对运动项目的理解。“角色扮演”就是假如我是情境中的某某，我该怎么做？如在跳跃教学时，可以让幼儿扮演自己喜欢的漫画动物，如跳跳虎，并模拟它跳跃的动作，提高练习兴趣。再如，让幼儿扮演“奥运冠军”，体验网球运动的乐趣(见图 1-7)。

图 1-6　音乐体育舞蹈

图 1-7　我是“奥运冠军”

总之，用什么样的情境来教学，需要根据幼儿的年龄特点和心理特点做出适当的选择。对于幼儿来说，虽然不同的个体，其认知发展、情感和意志要素不完全相同，但相同年龄段的幼儿却有着整体上的一致性。一般来说，低、中年级的幼儿，比较关注“有趣、好玩、新颖”的事物，而中、高年级的幼儿则开始对“有用又具挑战性”的任务更感兴趣。我们在设计问题情境时，应尽量与幼儿的上述心理特点相适应。另外，还应注意选材内容及呈现方式的多样性和趣味性。

(三)运动环境创设

运动环境创设主要指体能馆、幼儿园运动氛围的营造，比如在墙壁、地面等绘制运动图案，设置有节奏感的运动背景音乐，有秩序地摆放运动器材等，目的是使幼儿置身运动环境，自发产生运动兴趣，积极主动锻炼起来。

小班幼儿可将角色扮演与环境创设结合起来，如设计“蚂蚁运粮”游戏，赋予幼儿蚂蚁的角色，模仿蚂蚁爬行的动作，在角色游戏的情境下完成基本动作的练习。具体的环境创设可包括蚂蚁要运的“粮食”、蚂蚁爬行的路线、蚂蚁的“巢穴”、蚂蚁的生活习性等，让幼儿置身运粮环境，保持角色意识，以爬行方式完成预定目标。

中班幼儿的环境创设可逐渐简化，但动作可丰富起来，如设计“刺猬翻滚”游戏，让幼儿在游戏中自然地练习平衡走、钻爬、侧身翻滚，教师可在“小刺猬”行进途中设置圆木锻炼平衡，设置拱形门练习钻爬，最后在斜坡完成滚翻，突出环境氛围，感受游戏快乐。活动中游戏材料的设置不是一成不变的，根据具体情况可做适当调整。

大班幼儿的环境创设宜增加挑战性，如设计“小猴摘果子”游戏，让“小猴子们”闯过一道道关卡。可间隔一道关卡设置一个有难度的动作，让幼儿“跳一跳，能够到”。环境的创设可结合孙悟空、水帘洞、桃子等素材。来到“花果山”摘“果子”时，设置一个终极挑战，如助跑起跳或悬垂走云梯后才能够摘到“果子”，让幼儿置身《西游记》的环境片段，积极主动投入练习，获得愉悦的身心体验。

第二节 幼儿的身体特征与教学设计

一、幼儿身体特征与运动量

(一)幼儿身体特征

随着科学的进步，人类对自己身体的认识也在不断变化，可以说认识得越来越全面。同时，对幼儿身体特征的探索也在不断深化。身体特征侧重于运动功能，并和心理相对应，共同构成常说的身心特征的两个方面。生理特征包括：运动系统、呼吸系统、循环系统、消化系统、泌尿系统、皮肤、内分泌系统、免疫系统、视觉器官、神经系统、生殖系统等。生理特征侧重于器官功能，与解剖相关联，解剖侧重于形态，形态与功能对应。身体特征侧重于运动功能，人体的运动是由运动系统来完成的。

1. 什么是运动系统？

运动系统包括：骨、骨连接、骨骼肌等。骨——杠杆；骨连接——运动的支点；骨骼肌——运动的动力。骨骼支撑体重，维持体形，保护内脏。

2. 幼儿运动系统的特点

(1)骨的成分和结构特点

①骨骼在生长。幼儿在不断长个子，也就是说骨骼在不断加长、加粗。②幼儿骨头硬度小，好比鲜嫩的柳枝，易发生弯曲。所以，要注意培养幼儿正常、良好的姿势。③不良姿势易导致脊柱变形。

(2)肌肉的特点

①容易疲劳。幼儿肌肉的力量和能量储备都不如成人。在组织幼儿户外活动时要适时让幼儿休息，避免过度疲劳。②大肌肉发育早，小肌肉发育晚。幼儿会跑会跳了，可是画条直线却很费劲，这与不同的肌肉发育早晚有关系。

(3)关节和韧带的特点

①肘关节较松。当肘部处于伸直位置时，若被猛力牵拉手臂，就可能造成“牵拉肘”。因此，需注意勿猛力牵拉幼儿的手臂。②脚底的肌肉、韧带还不结实。若运动不适量，容易使幼儿脚弓塌陷，形成“扁平足”。要适度地锻炼。

3. 幼儿运动系统的卫生保育要点

①让孩子多在户外活动，运动和阳光是长骨骼的“营养素”。②教育孩子坐有坐相，站有站相，预防脊柱变形。③勿猛力牵拉孩子的手臂，以防肘关节受伤。④为促进脚弓的形成应进行适当的运动。

(二)适宜的运动量

运动量是指幼儿在活动时身体所承受的活动量。在进行教学设计时，应考虑每节课适宜的活动量，太小达不到运动目的，太大会造成疲劳甚至运动损伤。主流的运动量测定方式有测定乳酸阈值、运动靶心率和运动量观察法。对于幼儿，可以采用简易观察法来评估当前的运动量。观察指标分为“活动中”和“活动后”两个过程，活动中主要有幼儿的面色、汗量、呼吸、动作、注意力、情绪六项指标，活动后主要有食欲、睡眠和精神三项指标。我们把幼儿运动中的疲劳程度分为轻度疲劳、中度疲劳和重度疲劳。一般轻度疲劳是幼儿需要达到的理想锻炼效果，对机体发育有利；中度疲劳时需要教师和家长根据孩子的具体情况及时调整，并适时停止活动，重新设计活动；重度疲劳时需要立即停止活动，让孩子休息，并观察孩子反应，如有不适，及时咨询医生，并重新设计活动。

图 1-8 是幼儿不同运动量的具体表现。

活动中

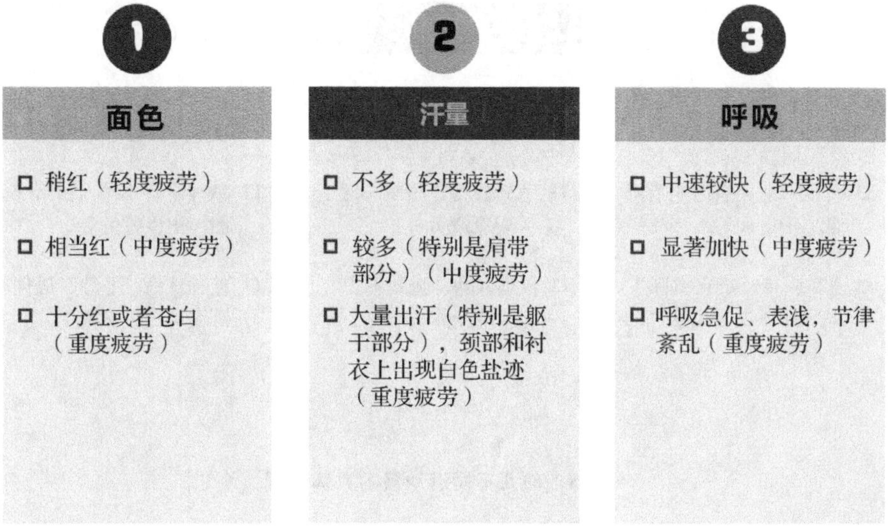

4 动作

- 动作准确，步态轻稳（轻度疲劳）
- 动作摇摆不定（中度疲劳）
- 动作失调，步态不稳，剧烈颤抖，反应迟钝（重度疲劳）

5 注意力

- 注意力集中（轻度疲劳）
- 能注意力集中，但不稳定（中度疲劳）
- 注意力分散，已经转移（重度疲劳）

6 情绪

- 情绪愉快（轻度疲劳）
- 略有倦意（中度疲劳）
- 精神疲乏（重度疲劳）

活动后

1 食欲

- 饮食良好，食欲增加（轻度疲劳）
- 食欲一般，有时略有降低（中度疲劳）
- 食欲降低，进食量减少，甚至有恶心呕吐现象（重度疲劳）

2 睡眠

- 入睡较快，睡眠良好（轻度疲劳）
- 入睡较慢，睡眠一般（中度疲劳）
- 很难入睡，睡眠不安（重度疲劳）

3 精神

- 精神愉悦，情绪良好，注意力稳定（轻度疲劳）
- 精神略有不振，情绪一般（中度疲劳）
- 精神恍惚，心悸，厌倦练习（重度疲劳）

图 1-8　幼儿不同运动量的具体表现

幼儿教育工作者要合理安排运动负荷，通过合理安排练习密度(因材施教)，合理安排练习方法(精讲多练)，合理安排练习难度(循序渐进)，合理兼顾季节气候(因地制宜)等途径最终实现这一目标。

二、幼儿运动能力与教学目标

(一)幼儿运动能力

运动能力是指人参加运动和训练所具备的能力，是人的身体形态、素质、机能、技能和心理能力等因素的综合表现。从生物化学的观点分析，运动能力主要取决于运动过程中能量的供给、转移和利用的能力。幼儿运动能力的发展有两个部分：一是躯体运动，也叫大肌肉运动或粗大动作(gross movement)，比如，幼儿在3—4岁时可爬行翻越海绵包障碍，或双脚交替向前走平衡木。二是精细动作(fine movement)，或者叫小肌肉运动或随意运动，一般是指手，尤其是手掌的动作，比如打弹子、翻绳等。精细动作的活动量较小，在实践中，一般需要结合粗大动作进行教学，在此不做过多专门阐述。

(二)教学目标

教学目标设计是对教学应达到的结果或标准的预设，是教学设计中最为重要的一个环节，不仅指引着教学前进的方向，对于教学成果的考核也是很好的衡量。可以说，一个科学合理的教学目标，是幼儿体育教学成功的基本前提。为了便于广大从业者理解，我们把教学目标的设定分为四个部分(见图1-9)。

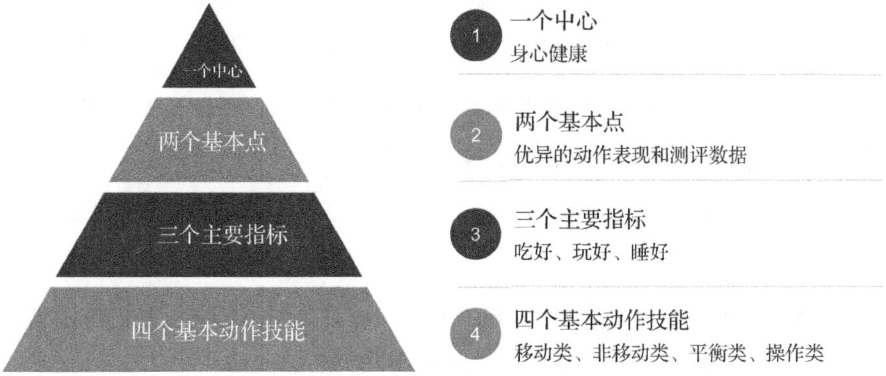

图1-9　体育教学目标的设定

“一个中心”代表身心健康，这是幼儿体育教育的根本目标，也是《3—6岁儿童学习与发展指南》的要求，但身心健康只是个概念，过于空洞，所以我们需要更加具象化的目标。

“两个基本点”主要包括优异的动作表现和测评数据。如果能让家长们看到孩子们熟练的动作表现，比如可以轻松地做出滚翻、跳箱和单杠动作，我相信这就是最具有说服力的。而这时如果能够再辅以良好的测评数据，有数据作支撑，比如有体质测评数据、动作测评数据和生活习惯测评数据，显然，说服力就会更强。

“三个主要指标”指的是“吃好”、“玩好”和“睡好”。你也许会惊讶这三个方面跟幼儿体育有什么关系，但事实上，我们希望幼儿体育不仅是运动培养，更是要真正地“以体育人”。通过运动，让孩子养成好的生活习惯，以育人高度教授体育，才是幼儿体育教学的核心本质。

“四个基本动作技能”指的是幼儿体育教学中的四大类动作技能，包括移动类、非移动类、平衡类、操作类。关于幼儿动作技能的划分，国际上有很多分法，为了便于从业者的理解，本书主要采取国际幼儿体育学会的前桥明先生提倡的分法。

移动类动作技能：主要是指以下肢为主进行的身体发生位移的动作技能，主要有走、跑、跳、钻、爬等。

非移动类动作技能：主要是指身体没有发生移动的，可以在原地进行的动作技能，主要有屈体、转身、悬垂、支撑、马步等。

平衡类动作技能：主要是坐、站、走平衡木等保持身体平衡稳定的动作技能。

操作类动作技能：主要是指以上肢为主、操控器材的运动(也包含踢等下肢动作)，主要有投掷、抛接、挥击、击打等。

第三节 培训类教学与园所户外活动的区别

一、指导思想与目的的差异

培训类教学的指导思想是要在保障安全的基础上让孩子强健身体，掌握技能，目的是“培优”，追求教学效果，显示自身教学与同类教学的不同以体现自身价值。而园所户外活动是在现有师资场地条件下，保证教学的顺利进行，很难实现“培优”。大部分幼儿在园所的运动密度和运动强度都不够，相比培训类机构，园所普遍存在儿童人数众多，多“量”低“质”的问题，“求稳”是它们的主要诉求。

二、教学目标与内容的差异

由于指导思想和目的的不同，培训类机构与园所在教学目标和教学内容上的选择也存在很大差别，培训类机构在“培优”的指导思想下，可开设精品小班教学，满足儿童的身体锻炼需求和挑战欲望，注重追求教学目标和内容的新颖性和差异性。而园所在“求稳”的指导思想下，为了规避责任风险，会注重教学内容的普遍性和一般性，比如，很多园所为了避免幼儿受伤，会回避有价值的体操、田径与球类教学，转而去组织风险性很小的律动、游戏活动等。

三、活动方式与效果的差异

由于教学目标和内容的不同，加之教学主体的人数差异和教学场地的不同，培训类机构与园所在活动方式和效果上也大不相同。培训类机构的活动方式注重个性，强调“脱胎换骨”的改变性效果，而园所的活动方式则更注重整体，强调“整齐划一”的一致性效果。

四、家长对校外培训与园所的期望值的差异

校外培训，顾名思义，是学校之外的培养和训练。由于经济能力和思想观念

等方面的不同，家长对校外培训的选择千差万别，但究其根本，家长是希望通过校外培训让自己的孩子能够学有所长，区别于或优于其他孩子。单就幼儿体育而言，家长对校外培训的期望主要是，提高孩子的身体素质，掌握基础的运动技能，磨炼孩子的意志，健全孩子的人格，提高孩子的社会化程度，当然，可能也有替代家长照看孩子的期望。

幼儿园的教育又称为学前教育，是幼儿在真正进入学习之前的预备教育，所以，相对校外培训而言，家长对园所的期望值并不会很高。幼儿园教育作为整个教育体系基础的基础，是对儿童进行预备教育(身体健康、行为习惯良好、自然与社会常识初具)。当前，由于我国的特殊国情，很多幼儿园甚至都没有体育课。可以说，就幼儿体育而言，很多家长对园所并无特别期望，能够配足老师上满活动课，偶尔上一堂真正的体育课，那就非常惊喜了。

第二章　谁来教？——教学主导的业务素养

第一节　幼儿体育教师养成

前文已经指出，幼儿体育教师首先是一名幼儿教师，应当具有教育学、心理学等相关理论知识，并且取得幼儿园教师资格证书或是相关权威机构出具的资格认证证书。作为一名体育教师还要具备一定的运动专业基础知识，了解幼儿生长发育的基本规律以及幼儿动作发展规律。

一、良好的心理素质

心理素质是人的整体素质的组成部分，是以自然素质为基础，在后天环境、教育、实践活动等因素的影响下逐步发生、发展起来的。心理素质是先天和后天的结合，是情绪内核的外在表现。良好的心理素质主要表现在：正常的智力(智能)、适当的行为表现(道德)、良好的个性(情感)、较强的心理适应能力(意志品质)等。

(一)智能

幼儿体育教师要具有较高水平的智能结构，除具备丰富的体育专业知识、技术、技能以外，还应该对幼儿的生长发育特点、个性及现实中的各种事物保持浓厚的兴趣和较高的认知水平。了解健康领域知识和其他四个领域的内容，熟悉幼儿认知水平及发展特点，从而更全面、客观地观察、评价儿童，科学施教。

(二)道德

教师是人类灵魂的工程师，作为幼儿体育教师，既要育人，又要注意培养幼儿积极参与体育活动的兴趣，促进幼儿身体健康发展。幼儿体育教师要有明确的角色责任和良好的师德、师范，能够严于律己，有明确的人生目标，完善的人格品质、人格魅力和人格吸引力，使成熟的道德品质成为思考、情感和行动的准绳，不断提高自身的素质和修养，提高教学的自觉性和主动性。

(三)情感

幼儿体育教师应具有热爱本职工作的情感，具有关心热爱幼儿的情感，诚恳、热情、平等地对待每一个孩子，授业无私、诲人不倦，用客观真切的教学态度去了解、认知和评价幼儿，尊重幼儿的人格和自尊心。

(四)意志品质

幼儿体育教师要具有坚定的信念和坚强的意志品质，坚持目标，坚持原则，有长期不懈地进行体育教学的充沛精力、体力和顽强的毅力，能够自我控制，沉着果断、冷静耐心地对待各种事情。

二、扎实的教学能力

幼儿体育教师应具备扎实的教学基本功，包括必要的学科基础知识、基本的运动能力、较强的教学能力、一定的教育能力以及必要的运动游戏、体操、韵律操创编能力。

(一)基础知识

幼儿体育教师必须掌握和具备扎实的基础理论知识，包括学前儿童解剖生理基础、学前儿童生长发育规律、学前儿童运动技能发展、学前儿童运动营养、学前儿童运动卫生保健等教育学知识，这样才能将运动游戏设计得合理，运动负荷安排得当，更能符合幼儿的年龄特点，从而得到最佳的锻炼效果。

(二)运动能力

运动能力是幼儿体育教师的基本要求。幼儿体育教师应尽可能多地掌握各种身体练习的基本技术和技能，在此基础上有所专长，使教师的运动能力、技术和技能的储备能够满足各项体育工作的需要。

(三)教学能力

教学能力是幼儿体育教师最基本的业务工作能力，包括熟练制定各种体育教学工作文件的能力；钻研体育课程的能力；研究体育教材教法的能力；灵活运用体育教学方法和手段的能力；用生动形象、简洁流畅、通俗易懂的语言描述身体练习的能力；优美、正确的示范能力；发现问题、分析问题、解决问题和评价体育工作质量的能力等。

(四)教育能力

体育教学目标的多元性、内容的丰富性和活动空间的广泛性特征为体育教师对幼儿进行情感教育和发展幼儿个性提供了许多机会。幼儿体育教师要充分挖掘体育活动的教育因素，灵活运用各种思想教育方法，促进幼儿抗挫折能力的提高及团队精神、社会合作等良好品格的形成。

(五)创编能力

《3—6 岁儿童学习与发展指南》和《幼儿园教育工作规程》指出，游戏是幼儿一日活动的基本形式。那么，运动游戏应该是幼儿进行体育活动的主要形式。作为幼儿体育教师，要充分思考，创编符合幼儿年龄特点的运动游戏，比如徒手游戏、器械游戏等。

韵律操可以培养幼儿健美的体形和韵律感，培养幼儿美的情操，同时给幼儿的生活带来许多快乐，是幼儿非常喜欢的运动形式。幼儿体育教师要掌握律动教学的方法，指导幼儿欣赏音乐、练习动作，在律动活动中释放自我，从而激发幼儿对运动的兴趣。

第二节　一名好教师的“5 颗心”

无论是培训行业中从事体育教学的幼儿教师，还是从事美术、钢琴、舞蹈或科技、棋类培训的老师，抑或是幼儿园的保教、保育老师，要想成为一名好的幼儿教师，都应该有高尚优良的品格和坚守初心的情怀，以爱心善待幼儿，以童心与子同乐，耐心地陪伴，执着地追求，细心呵护每一个孩子。

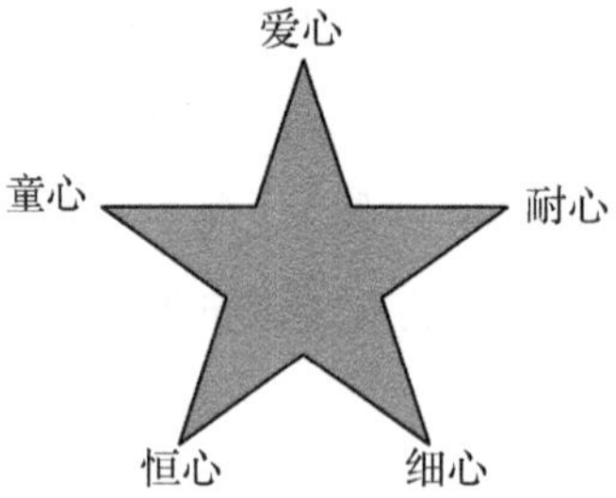

图 2-1 好教师的“5 颗心”

一、爱心

没有爱就没有教育。幼儿体育教师要有爱心，要热爱幼教事业，热爱每一个孩子，但不能对孩子有偏爱。如果教师有偏爱，不被偏爱、关注的孩子会觉得自己被歧视，会变得自卑。

作为一名幼儿体育教师，首先要有一颗博大的爱心，爱教育的幼儿，爱工作的岗位，爱身边的同事，因为有了这些爱才不会感到厌烦，才不会产生怨恨，才不会消极或矛盾，时刻保持一份平和的心态，关心和呵护孩子们的健康成长，成为一名受人尊重的幼儿体育教师。

孩子是可爱的，但并不十分懂事，他们不了解大人的喜怒哀乐，不会看大人的脸色行事，有时候不能正确地表达自己，也不能够自己料理吃喝拉撒睡这些最简单的生活小事。但是，他们有自己的个性，有自己的需求，有自己的想法和认识，他们不会完全按照大人的意愿去做事，有时候还会闹脾气，甚至做一些危险的事情。所以，幼儿体育教师如果没有一颗博大的爱心包容他们、爱护他们、帮助他们，就不会得到孩子的认可，对不起家长的信任，辜负了用爱养育、用心教育的宗旨。

二、童心

教师的童心有助于师幼之间的沟通与交流。幼儿体育教师拥有一颗童心，就可以从孩子的角度去思考和理解问题。具有必要的儿童观，更容易实现师幼之间的沟通交流，让幼儿更愿意与教师亲近。

教师的童心有助于提高工作热情，活跃教学氛围。教师的童心不仅能够拉近同幼儿之间的心理距离，还有助于创造活跃的课堂教学氛围，提高教师的工作热情。幼儿年龄小，本身不具备活跃课堂气氛的能力，只有在教师的积极引导下，幼儿才能活跃起来。拥有一颗童心可以让幼儿体育教师变得更加活泼开朗，增加工作热情，能够让教师的教学语言更加贴近幼儿，动作更加活泼放松，让孩子们更加开心快乐，更加乐于参加体育运动游戏。

教师的童心有助于增强教师的儿童观。幼儿是幼儿园开展一切活动的主体，教师要具备正确的儿童观，从幼儿的角度出发，结合幼儿的发展特点和已有经验水平开展教育教学互动。教师的童心，有助于教师从儿童视角出发，使幼儿在教学活动中的主体地位得到充分的体现。

三、耐心

耐心是幼儿体育教师应具备的一个重要素质。耐心是指心里不急躁、不厌烦，侧重于人的态度。幼儿的身体活动慢、思维反应慢，所以，对待孩子不能急躁，要有耐心地去等待，要有耐心地去教育，“牵着蜗牛散步”考验的是一名教师的耐性。小孩调皮、好动，你刚刚批评了他，过一会儿他又犯错了，这让许多幼儿体育教师头疼，往往会犯急躁、粗暴的毛病，这时候就更需要耐心，想一想孩子为什么记不住批评，是不是我们的教学方式方法出了问题，能不能换一种方式？因为不是一种方式对所有的孩子都起作用，对特殊的孩子需要有特殊的方式。但是这里要强调一点，特殊的方式并不是体罚、恐吓，而是用他喜欢的形式去引导。例如，讲故事，把不遵守纪律的行为编入故事，让他记住不听话的后果，或让他在小朋友面前表决心，激发他们争当好孩子的意识，培养他们自我约束的能力。

幼儿体育教师的耐心还应该体现在坚持上，不能轻易放弃对孩子的要求，不能由着孩子的性子，要严格地训练，要严格地管理，才能培育出孩子良好的性格和习惯，这是关乎孩子一生成长的大事，该坚持的就必须坚持。同时做好与幼儿家长的沟通，获得家长的支持，在双方共同努力的情况下纠正幼儿的不良习惯，教会他们做人的基本准则，教会他们尊重公共秩序的意识，从小培育孩子良好的性格、习惯会给他们一个宽广幸福的未来。

四、恒心

有人觉得幼儿体育教师工作专业性不强，等同于哄孩子，但我们认为幼儿体育教师工作的专业性不亚于一个大学教授。如果说教授是精雕细琢的大师，那么幼儿体育教师就是出产合格的坯胎的工匠，只有合格的坯胎才能雕琢出精美的瓷器。相反，坯胎如果出现了问题，即使能雕刻出精细的作品，也往往会给人留下诸多的遗憾。幼儿体育教师做的是最基础的健康教育工作，带领孩子走好人生的第一步。每一个投身于幼儿体育教育的老师，都应该有荣誉感，有追求，有抱负，做最好的幼儿体育教师，培育出最合格的孩子。

幼儿体育教师教给孩子的是最简单的知识，那么幼儿体育教师工作的意义在哪里呢？就是帮助家长哄孩子吗？不是。幼儿体育教师的工作意义不在于教会孩子跑跑跳跳，而在于发现孩子的兴趣，培育孩子的性格，锻炼孩子的身体，让孩子富有运动精神，也就是习近平总书记在2018年全国教育大会上提出的帮助学生在体育锻炼中享受乐趣、增强体质、健全人格、锤炼意志。就像培育一棵小树，给它浇水，给它剪枝，使它直立生长，长成参天大树，结出丰硕的果实。幼儿体育教师的工作就是帮助孩子的父母培养孩子，为社会造就人才。从事这样一项事业必须有深厚的理论知识，懂得心理、生理、营养等多种知识，具备丰富的教学经验，寓教于乐，生动活泼，这没有恒心能做到吗？一步一步攀登幼儿体育教师工作的高峰，没毅力能行吗？所以，恒心是我们工作的基础，有长期从事幼儿教育的决心，坚持不断总结、创新，努力成为一名受人尊重的导师、专家，实现自己贡献社会的人生价值。

五、细心

苏霍姆林斯基说：“教育是一种最为精细的精神活动。”细心而智慧的教师，用他们最为精细的精神活动，改变孩子的童年，影响孩子的一生。孩子是学习的主体，他们的潜力是无限的，这需要教师细心的发现和巧妙的挖掘。幼儿的感情很丰富、很细腻，但也很脆弱，幼儿体育教师要细心观察幼儿的情绪，注意保护他们的感情，不要轻易去伤害他们，特别是不能用语言或者肢体暴力伤害儿童，让儿童对教师产生畏惧心理。教师在组织活动的时候，要更加细心地去发现孩子的进步，及时给予孩子鼓励，注重培养他们的自尊心、自信心，让每一个孩子都能够在运动中获得成就感。

第三章　教谁？——教学主体的基本情况

在第二章中，我们探讨了幼儿体育教师的业务素养，为了做到“知己知彼”，我们还应在教学前对教学主体有一个基本的了解。教师对幼儿的了解主要包括身体活动水平(动作发展水平)和心理情况两个方面，本章主要介绍在实际具体教学中常见的动作发展水平测评。

第一节　幼儿动作发展水平测评

很多从业者对于幼儿身体活动水平的认知还停留在体质测评上，过多地关注速度的快慢、力量的大小等量化指标，对于幼儿正确动作模式的建立则不太了解。3—6 岁是幼儿动作发展的敏感期，一旦错过会影响幼儿进入义务教育阶段后在体育运动中的自信，后期的补救也难免事倍功半。在幼儿体育教学中，教师对于幼儿动作发展水平的了解有利于教学计划的科学制订及区别化实施。此外，了解幼儿参加体育活动的兴趣和心理，也是体育教学的前提。在体育活动中，幼儿会表现出多样的情绪情感，积极情绪如快乐、兴奋、激动、成就感等，消极情绪如羞怯、恼怒、不自信、挫败感等，把握幼儿的情绪，取得幼儿的信任，与之建立亲密的关系，对于教学的顺利进行会有很好的帮助。

幼儿的动作发展主要可分为粗大动作(也被称为大肌肉群动作)和精细动作。粗大动作是指由身体的大肌肉或大肌肉群产生的动作，包括行走、奔跑、跳跃和投掷等。精细动作是指由身体的小肌肉或小肌肉群产生的动作，包括书写、画画，使用叉子、勺子和筷子等。本书的动作发展水平测评，主要指粗大动作发展水平测评。

关于幼儿粗大动作发展水平的测评，国际上有很多不同的方法和流派，我们主要介绍由美国密歇根大学 Dale A. Ulrich 教授开发的儿童大肌肉动作发展测试标准(第 3 版，TGMD-3)，该测评体系目前在国内外均获得了广泛认可。测试内容包括跑(Run)，前滑步(Gallop)，单脚连续跳跃(Hop)，跨步(Skip)，立定跳远(Horizontal jump)，侧滑步(Slide)，双手挥棒击打固定球(Two-hand strike of a stationary ball)，单手正手击打反弹球(One-hand forehand strike of self-bounced ball)，单手原地运球(One-hand stationary dribble)，双手接球(Two-hand catch)，踢定位球(Kick a stationary ball)，肩上投球(Overhand throw)，下手抛球(Underhand throw)共 13 个项目。本测评体系适用于 3—10 岁儿童，详见以下部分。

TGMD-3 粗大动作发展水平测评

第一部分：个人信息

儿童姓名(ID)：

性别：男□女□　　　　出生年月：　　　　年龄：

儿童体重情况：低体重□正常体重□超重□

儿童居住地：城市□市郊□村镇□

优势手：右手□左手□未确定□

优势脚：右脚□左脚□未确定□

测试员：　　　　　　测试单位：

测试日期：　　　　　E-mail：

第二部分：评分说明

在所有测试项目中，测试员须为受试儿童作详细的演示及说明，确保受试儿童的测试动作标准规范；每组测试开始前受试儿童需进行一次必要的练习(练习不计分)，然后做两次正式测试。测试员对两次正式测试进行评分。

评分标准：

1分：动作完成规范。

0分：动作完成不规范。

每个测试小项的最终分数为两次测试的总分。

技能分数等于所有测试小项的总分。

位移维度总得分等于6个位移技能得分的总和。

球技术维度总得分等于7个球技术技能得分的总和。

整个粗大动作发展水平测评得分等于位移维度总得分与球技术维度总得分之和。

为保证评分结果的有效性，测试员须详细了解每个测试项的执行标准，避免出现测试偏差。在测试中，测试员如不能确定受试儿童是否按照项目执行标准完成动作，测试员须要求受试儿童按照执行标准重做该项目，以获得有效得分。

测试残疾儿童或注意力不集中的儿童时，测试员可让受试儿童站在演示标记点上认真观看测试员的动作演示。另外，使用开始标记点作为受试儿童在接受位移测试时的开始位置，对测试的顺利进行是非常有帮助的。灵活运用点、线和多边形划定不同的测试功能区对测试的顺利进行会有很大帮助。

第三部分：测试评分表

位移维度(Locomotor Subtest)						
技能 (Skills)	器材 (Materials)	测试说明 (Directions)	动作执行标准 (Performance Criteria)	测试1	测试2	分数
1. 跑 (Run)	60英尺(18.3米)跑道，场地净空，两个标志物。	将两个标志物相距50英尺(15.2米)放置，确保在标志物外至少有8—10英尺(2.4—3.0米)的空间作为安全隔离区。受试儿童从一个标志物跑到对侧标志物。重复测试。	1. 曲肘，肩臂运动方向与腿部相反。			
			2. 跑动时，双脚有同时腾空的时间。			
			3. 足部落地时有明显的前脚掌着地(非全脚掌着地)。			
			4. 非支撑腿弯曲接近90°，足部靠近臀部。			
				技能分数		

续表

位移维度(Locomotor Subtest)						
技能(Skills)	器材(Materials)	测试说明(Directions)	动作执行标准(Performance Criteria)	测试1	测试2	分数
2. 前滑步(Gallop)	25英尺(7.6米)跑道，场地净空，两个标志物。	将两个标志物相距25英尺(7.6米)放置，受试儿童从起始标志物跑马步至终点标志物停止。重复测试。	1. 手臂弯曲向前摆动。			
			2. 后脚并步时在前脚旁边或稍后面。			
			3. 双脚存在短暂的腾空时间。			
			4. 在测试距离内有节奏地连续完成四组跑马步。			
				技能分数		
3. 单脚连续跳跃(Hop)	至少15英尺(4.6米)长的净空场地，两个标志物。	将两个标志物相距15英尺(4.6米)放置，受试儿童使用优势脚(测试前确定)连续跳跃四次到达终点。重复测试。	1. 非跳跃脚前摆以产生助力。			
			2. 非跳跃脚始终保持在跳跃脚后面。			
			3. 手臂曲肘前摆以产生助力。			
			4. 在测试距离内使用优势脚连续完成四组单脚跳跃。			
				技能分数		
4. 跨步(Skip)	至少30英尺(9.1米)长的净空场地，两个标志物。	将两个标志物相距30英尺(9.1米)长放置，受试儿童从一个标志物跨跳至另一标志物。重复测试。	1. 前迈一步，然后同脚前跳一步。换脚再重复动作。			
			2. 曲臂摆动(与腿运动方向相反)以产生助力。			
			3. 有节奏地完成四次连续跨跳。			
				技能分数		

续表

位移维度(Locomotor Subtest)						
技能(Skills)	器材(Materials)	测试说明(Directions)	动作执行标准(Performance Criteria)	测试1	测试2	分数
5. 立定跳远(Horizontal jump)	至少10英尺(3.0米)长的净空场地,胶带。	用胶带在地上标定起止线,受试儿童站于起跳线后,双脚全力向终线前跳。重复测试。	1. 起跳前双膝屈曲,手臂向身后舒展。			
			2. 双臂全力向前向上摆动至头部以上。			
			3. 双脚同时起跳和落地。			
			4. 落地时双臂下摆。			
				技能分数		
6. 侧滑步(Slide)	至少25英尺(7.6米)长的净空场地,画一条直线,两个标志物。	将两标志物置于直线两端。受试儿童从起点标志物滑步至终点标志物。受试儿童首先选定向哪个方向滑步(首选侧),往返一次为一组。重复测试。	1. 侧身使肩与所画直线对齐(仅评判首选侧)。			
			2. 两脚交替侧滑步,有双脚腾空时间(仅评判首选侧)。			
			3. 在首选侧进行四次连续侧滑步。			
			4. 在非首选侧进行四次连续侧滑步。			
				技能分数		
位移维度总得分(Locomotor Subtest Total Score)						

球技术维度(Ball Skill Subtest)						
技能(Skills)	器材(Materials)	测试说明(Directions)	动作执行标准(Performance Criteria)	测试1	测试2	分数
1. 双手挥棒击打固定球(Two-hand strike of a stationary ball)	一个直径4英寸(10.2厘米)的塑料球，一支塑料球棒，一个击球底座。	受试儿童的击球点应在其腰部水平。告知受试儿童向正前方用力击球。重复测试。	1. 握棒时优势手在非优势手上方。			
			2. 非优势手侧的髋部和肩部朝击球方向。			
			3. 挥棒时肩/髋充分回旋产生助力。			
			4. 非优势脚上步。			
			5. 击球，使之向正前方飞出。			
				技能分数		
2. 单手正手击打反弹球(One-hand forehand strike of self-bounced ball)	一个网球，一只塑料球拍，一面墙。	将球和球拍交给受试儿童，告知儿童将球举高然后使之自然落地(球落地反弹至儿童腰部高度)，然后单手向前击球，使之落在墙上。重复测试。	1. 击球前有后摆引拍动作。			
			2. 非优势脚向前上步。			
			3. 将球向墙面方向击打。			
			4. 击球后球拍前送上引，挥拍动作落在非优势侧肩上。			
				技能分数		
3. 单手原地运球(One-hand stationary dribble)	3—5岁组用8—10英寸(20.3—25.4厘米)游戏用球，6—10岁组用篮球，一块平整场地。	受试儿童单手原地连续运球，至少四次，最后停下来接住球。重复测试。	1. 单手运球至腰部高度。			
			2. 用手指部分运球(非手掌拍球)。			
			3. 连续运球四次，脚不移动，不停球。			
				技能分数		

续表

球技术维度(Ball Skill Subtest)						
技能(Skills)	器材(Materials)	测试说明(Directions)	动作执行标准(Performance Criteria)	测试1	测试2	分数
4. 双手接球(Two-hand catch)	直径4英寸(10.2厘米)的塑料球,15英尺(4.6米)净空场地,胶带。	标记两条相距15英尺(4.6米)的线。受试儿童站于一线,抛球人站于另一线低手向儿童胸区抛球,儿童双手接球。重复测试。	1. 儿童双手置于身前,曲肘准备接球。			
			2. 儿童双臂前伸接球。			
			3. 只能用双手接球。			
				技能分数		
5. 踢定位球(Kick a stationary ball)	8—10英寸(20.3—25.4厘米)足球,胶带,一面墙,净空场地。	距墙面20英尺(6.1米)画停球线,距停球线8英尺(2.4米)画助跑线。将球置于停球线上。儿童从助跑线起跑,全力将球踢向墙面。重复测试。	1. 触球前快速助跑。			
			2. 儿童在触球前应拉长步幅。			
			3. 触球前非踢球脚靠近球。			
			4. 用脚背或脚内侧踢球(不能用脚趾踢球)。			
				技能分数		
6. 肩上投球(Overhand throw)	一个网球,胶带,一面墙,20英尺(6.1米)净空场地。	距墙面20英尺(6.1米)用胶带标线,受试儿童面向墙壁站于标线后,用力将球投向墙壁。重复测试。	1. 挥臂投球动作自手臂下挥动作开始。			
			2. 旋髋转肩,使非投掷侧面向墙壁。			
			3. 非投掷侧的脚向墙面方向上步。			
			4. 抛球后掷球手下挥,向非投掷侧髋部收手。			
				技能分数		

续表

球技术维度(Ball Skill Subtest)						
技能 (Skills)	器材 (Materials)	测试说明 (Directions)	动作执行标准 (Performance Criteria)	测试1	测试2	分数
7. 下手抛球 (Underhand throw)	一个网球，胶带，一面墙，15 英尺(4.6 米)净空场地。	距墙面 15 英尺(4.6 米)用胶带标线，受试儿童面向墙壁站于标线后，用力将球低手投向墙壁。重复测试。	1. 优势手向下向后摆动至躯干后面。			
			2. 非投掷侧的脚向前上步。			
			3. 控制力度，球不经过地面反弹直接掷向墙壁。			
			4. 投球后手臂上引至胸部以上。			
				技能分数		
球技术维度总得分(Ball Skill Subtest Total Score)						

TGMD-3 测评总分 100 分，一般情况下，年龄越大得分越高，所以测评结果的考量需要借助常模比对。相比绝对得分，儿童在一个测评群体中的相对得分显得更为重要。此外 TGMD-3 测评的性别差异不大，可以忽略不计。

第二节　与幼儿建立亲密关系的五个技巧

我们在第一章给大家介绍了幼儿的心理特征和运动兴趣偏好，在当前的幼儿体育教学中，教师更多关注于教学内容与方法，不够重视教学主体的内在心理需要，缺少对幼儿兴趣、经验的理解，把幼儿体育青少年化，甚至成人化，这样是不科学的。作为幼儿体育教师，应该针对幼儿心理需要和兴趣为幼儿创设良好的心理和物质环境，引导幼儿产生运动兴趣，提高运动技能。面对一个新来的孩子，如何快速了解他的心理特点，使他迅速融入运动氛围，对教师而言，是个不小的挑战。为了让教师在教学前能够更科学、便捷且有效地掌握幼儿的个性心理特征，快速走进幼儿内心，建立亲密关系，提高教学质量，我们还需要一些辅助技巧。下面我们介绍常用的五个技巧。

一、尊重和理解幼儿

我们的目的，是希望作为教学主体的幼儿在体育运动过程中展现主动参与和积极创造的精神。为了达到这一目的，我们需要让幼儿在体育运动中感觉到自己存在的价值，感觉到自己的重要性。因此，在体育运动中教师应该给予幼儿充分的尊重和理解，为了做到这一点，首先教师应该给予幼儿与成人平等的身份。我们常常不理解为什么孩子有时会这样，有时又会那样，那是因为在孩子们的眼里，大人太高了。我们忽略了站在孩子们的角度看待问题。所以教师在平常的交流中，应该尽可能地蹲下与幼儿交谈，充分问询幼儿的需求和喜好，在幼儿遇到运动困难时及时给予帮助，赢得幼儿的信任。比如，在幼儿刚学跳箱时，采用幼儿喜爱的方式进行导入，在幼儿胆怯时适时地进行托举帮助等。

二、营造宽松、自由的氛围

教师和幼儿更像是对方“镜子中的人”，两者并非从属关系，而更应该是合作的关系。在幼儿活动中，教师应当通过营造和谐而宽松的气氛，给予幼儿心理上的支持，使幼儿在心理上获得安全感、自由感，从而在活动中迸发更多的能量和创造。教师要善于运用各种有效方式给幼儿以心理上的安全感和精神上的鼓励，使他们的思维更加活跃，尝试和探索的热情更加高涨。在幼儿失败时，教师更要理解和鼓励幼儿，比如，增加肢体接触，牵手引导；在幼儿有较好表现时，适时击掌、拥抱等。

三、让幼儿获得成功体验

幼儿对游戏和运动有着与生俱来的兴趣。孩子从出生起，就在以各式各样的动作和运动方式与现实世界进行着“交流”。幼儿需要在不同的体育运动和游戏中获得“成功”的满足感和被认同感，并由此建立更多的自信。我们常说，兴趣是孩子最好的老师，其实，兴趣本身也是需要老师的，而成就感是维持兴趣最好的老师。所以，我们在实际教学时，一定要根据孩子的实际水平，设置恰当的难度，太简单的难度设置容易让孩子觉得没有挑战，而太难的难度设置则会打击孩子的自信心和积极性，并降低孩子的运动兴趣。比如，在投球练习时，我们就应该注意由近及远的原则，让幼儿一开始就有成功的体验，并在距离不断拉大时，加强这种体验。而如果一开始就设置较远的距离，孩子可能玩一会儿就不想玩了。

四、教师需做一名合格的“演员”

在幼儿的纯真世界里，他们更愿意将外面的现实世界当作自己的舞台，用自己的认知和经验构建剧本，给身边的父母、老师、朋友安排各种各样的角色，并像个导演一样上演自己的作品。通过一系列戏剧化的操作，幼儿试图用自己的规则定义世界，然后在不断的冲突中修正他们的规则，直至与真实世界融会在一起。作为教师，我们需要配合幼儿完成他们的作品，同时，我们也要用幼儿能够认知并接受的角色，通过那些在成年人世界看来略显夸张的“演技”去引导幼儿更有效率，但又不失童真地理解现实世界的规则。有一位老师，在孩子们面前自称“香蕉老师”，这位老师将孩子们可以认知的“香蕉剥皮”的画面引入到热身的环节中，既达成了让孩子们在运动前活动开手脚的目的，同时熟悉而又夸张的画面又引起了孩子们的共鸣。

五、新鲜感和多变性

根据幼儿的年龄特点，孩子们的兴趣总是多变且容易转移的。他们很容易对玩了一段时间的游戏产生厌烦感，总是对一些新出现的或奇特的游戏感兴趣，希望尝试和加入。这也是为何我们要对游戏和运动的内容、器材和环境创设进行转换，以及“一物多玩”会那么受欢迎。

比如，跑跳练习在幼儿体育的教学内容中占有重大比重，但很多孩子并不喜欢单调的跑跳训练。所以我们可以设计“赶猪游戏”(用拍子赶球跑)，“导弹追踪”(脚带球跑追逐)，“猫捉老鼠”等限定时间的追逐游戏，淡化训练而强调游戏情境。在进行“一物多玩”活动设计时，我们还可以开启儿童的主观能动性，让他们开动脑筋，进一步激发孩子的运动兴趣。

第四章　教到什么程度？——教学目标的制定

通过前面三章的阐述，我们大致了解了幼儿体育的基础理论、教学主导和教学主体三个问题，完成了教学的基础准备阶段，接下来，我们就要进入正式教学的第一步：教学目标的制定。

教学目标的制定，在具体教学中极为关键，它不仅为整个教学指明前进的方向，也是教学的根本动力。由于长期以来人们对体育的误解，在正式阐述教学目标的制定之前，我们需要先了解幼儿体育教学目标的多维性。

第一节　如何理解幼儿体育教学目标的多维性？

幼儿体育的教学目标包括多方面的内容，很多人都以为体育课就是锻炼身体，或者就是项目竞技和比赛，其实，这是一个很大的误解。一般而言，体育对儿童健全人格的培养，主要包括以下五方面的目标：

①身体(physical)发展；

②社会(social)发展；

③智力、心理(intellectual、mental)发展；

④情绪(emotional)发展；

⑤精神(spiritual)发展。

儿童的身心全面发展是幼儿体育教学的最终目标，身体发展只是幼儿体育教学目标的一部分。理解幼儿体育教学对健全人格培养的作用，对于深度领会幼儿体育的教学意义，全面设置幼儿体育教学的目标具有非常重要的意义。

一、身体发展的目标

体育的关键在于“体”(physical)，身体发展是体育教学的基本要求。一般而言，身体发展主要包括三个方面：①促进身体的发育；②发展及促进运动功能；③增进健康。但这三点比较抽象，在实际操作中，优秀的动作表现和良好的测评数据是家长、幼儿及教师关注的指标，前者具有亮眼的观赏性，后者则具有严谨的科学性。动作发展测评数据是验证优秀动作表现的强力佐证，这就需要教师深度理解第一章和第三章的相关内容，并积极思考测评内容与教学内容的融合。

二、社会发展的目标

社会(social)发展即儿童社会性的养成。与其他学科不同，体育是促进儿童社会性养成的重要学科，社会发展在体育教学目标中不可或缺，在儿童和小伙伴一起运动的时候，应该要求他们遵守秩序，和大家建立关系。另外，要让他们建立共同遵守运动的规则。在各式各样的运动实践中，不能只是让孩子听从指挥被动地参与各种活动，更要让孩子和伙伴们一起主动运动，来培养认知能力以及社交性的行动力。通过集体活动让幼儿了解规则的重要性，一边调整自己的预期，一边尽情享受运动。

三、智力、心理发展的目标

智力、心理(intellectual、mental)发展具体表现为，儿童从小就靠着以运动游戏为中心的身体活动，来不断地定义自己和认知外界世界，把游戏当作媒介，在这个过程中习得如何与人相处，以及学习物品的性能和使用方法。运动游戏不仅可以培养儿童正确感知、识别物体的能力，还可以培养儿童分辨事物的异同的能力；要让儿童借助想象力，尽可能地把各种物体当成玩具，例如：将一块石头作为鞍马、跳台，或者有时直接将石头想象成马。在思考运动器材和自然事物应该如何使用时所花费的心思，可以培养儿童们的思考能力。通过各种各样的使用运动器材的运动游戏，儿童便可以认识并学习到这些器材的使用方法、物体形态、颜色以及构造等。教师还可以通过设置不同的游戏组合，让孩子开动脑筋，寻求最优路线完成各种任务等。

四、情绪发展的目标

情绪(emotional)发展的目标也比较丰富，情绪从生理兴奋的角度，可以分为快乐和不快乐两方面，还可以更详细地分为爱恋、喜悦、愤怒、恐惧、嫉妒等。而5岁左右的儿童，就几乎掌握了所有情绪的表达。

情绪的发展，是从日常的人际交流中逐渐形成的。而在孩童时期，建立人际关系的媒介就是游戏，通过游戏，逐渐形成、强化儿童和父母、兄弟、朋友等之间的人际关系。而且，运动游戏也是消除儿童在日常生活中所产生的不安、愤怒、恐惧、不满等负面情绪的一种安全、有效的手段。为了弥补儿童经验的不足，唤醒儿童体内沉睡的运动能量而使之充分燃烧、发热，对于儿童情绪方面的发育是至关重要的。对于比较多动的儿童来说，要在大量运动之后，适当地让他们安静地休息一下。

五、精神发展的目标

精神(spiritual)发展的目标，与情绪发展表达的“短时间内的心理状态”不同，儿童精神方面的发展是一种意志的培养，我们也可以理解成一种性格和品格的培养。比如在运动中知难而上、勇往直前的精神，在比赛中不折不挠的抗挫折能力，都属于精神发展层面。

由于物质生活的丰富和生育率的降低，以及一些家长和老师对于儿童正面管教的理解不足，现代的中国儿童的抗挫折能力普遍下降，通过体育活动培养儿童的成就感和抗挫折能力，最终塑造儿童优良的性格和品格，具有极好的效果。

除了以上独立的五点，幼儿体育还有五点之间相互作用的其他效果，主要有：治疗的效果，如运动障碍治疗的目标就是恢复运动状态、动作；养成好的生活习惯，如将运动后的空腹感与饮食指导相结合，有利于养成良好的饮食习惯。

幼儿体育的精髓，是要通过多种多样的运动，让儿童感受运动的乐趣，发展基本的动作技能，健全人格并锤炼意志，所以，在目标设定时，多种不同运动内容的体验，也是目标设定的关键。本书主要推荐的是“9＋1”类运动，分别是：律动类、圈类、球类、绳类、棒类、拍类、垫上类、单杠类和跳箱类九大类运动，以及生活类运动(见表 4-1)。

表 4-1 “9＋1”类运动内容、目标与价值

类别	项目内容	目标与价值
律动类	介绍并示范幼儿徒手伴随节奏的操节运动与游戏。	主要培养幼儿的运动兴趣和节奏感，发展其灵敏性、平衡性及协调性。
圈类	介绍并示范幼儿以圈为基本载体的运动与游戏。	主要培养幼儿的移动类动作技能、下肢力量与协调性，以及空间认知能力。
球类	介绍并示范幼儿以操场球为基本载体的运动与游戏。	主要培养幼儿的操作类动作技能与移动类动作技能的综合运动能力。
绳类	介绍并示范幼儿以绳子为基本载体的运动与游戏。	通过循序渐进的难度设计和多元化的内容设计，培养幼儿对绳类运动的兴趣，发展幼儿的上下肢协调能力。
棒类	介绍并示范幼儿以棒为基本载体的运动与游戏。	培养幼儿双手挥棒击球的动作发展，促进幼儿的空间感知和协调性，并培养幼儿果敢的性格。
拍类	介绍并示范幼儿以拍为基本载体的运动与游戏。	培养幼儿单手挥拍击反弹球的动作发展，促进幼儿的空间感知和协调性，并培养幼儿动作的灵活性。
垫上类	介绍并示范幼儿以垫子为基本载体的运动与游戏。	发展幼儿的倒立感觉和本体感觉，刺激幼儿前庭发育，培养幼儿的自我保护技能。
单杠类	介绍并示范幼儿以单杠为基本载体的运动与游戏。	发展幼儿的支撑力量、悬垂力量，增强空间感，提升非移动类动作技能，培养幼儿对身体控制的自信心。
跳箱类	介绍并示范幼儿以跳箱为基本载体的运动与游戏。	综合发展幼儿的空间感知、支撑力量、跳跃和全身协调能力。培养幼儿不畏困难的性格。
生活类	介绍并示范幼儿以日常生活用具为基本载体的运动与游戏。	培养幼儿运动的生活化意识，让幼儿运动高于运动，融入生活。

具体我们会在第六章有更详细的介绍。

第二节　幼儿体育分目标之间如何取得平衡？

一、教学大纲和教学内容的平衡

上节我们阐述了幼儿体育教学目标的多维性，在实际设计教学目标之前，我们还需要事先考虑这些维度之间的平衡。促进大脑发育、增强体质、习得技能、保持趣味性和习惯养成这些目标的平衡，其实是个有机的整体，我们只要在设计课程大纲与具体教案时，根据上文阐述的原则进行合理的分配即可。

多维的教学目标统领多维的教学内容，关于动作发展选择的多维性，我们需要再次复习一下在第一章关于教学目标的阐述，即“四个基本动作技能”——移动类动作技能、非移动类动作技能、平衡类动作技能、操作类动作技能。基本动作技能不是具体的某一项专项运动技能，而是幼儿掌握各种专项运动的基础，在幼儿体育教学中具有非常重要的意义。

对于基本动作技能的划分，国际上有不同的分法。根据国际幼儿体育学会会长、早稻田大学教授前桥明先生的意见，从幼儿作为教学主体的角度出发，四个基本动作技能的划分，更为浅显易懂，也更符合我国国情。

对于这些分目标的平衡，3—6 岁是儿童动作发展的关键敏感期，6 岁时掌握所有的动作模式是幼儿体育的基本任务，让幼儿在快乐游戏的同时，掌握四个基本动作。这里需要大家注意的是，四个基本动作技能对幼儿的健康而言，只是一个基础，而不是终极目标，我们要确保幼儿在掌握基本动作技能之后，在进入义务教育阶段以后，可以在学习各种运动的时候都特别容易上手，都容易在运动中获得自信。

3—4 岁的孩子，由于动作模式发展还过于稚嫩，对于操控拍、棒等器材容易力不从心，更适合多练习一些徒手、圈类、垫子类等运动，而少一些拍类、棒类等运动。4—6 岁的孩子，由于已经有了一些运动基础，就可以降低徒手、圈类和垫上类运动的比重，而加大拍类、棒类等运动的比重。

只有内容比重上的平衡还不够，我们还要在具体教案中设计 2 个人、3 个人乃至更多人一起玩的游戏环节，或者安排一些简单的比赛，设置社会性教学目标。同样，我们还可以设计一些需要开动脑筋的游戏环节，让孩子在游戏的同时进行思考，促进其智力的发育。

综上，幼儿体育教学目标之间的平衡，不仅有教学大纲设计的平衡，还有具体教案内容设计的平衡。我们一定要照顾孩子的多样性，具体情况具体分析，在总目标确定的前提下，具体分解分目标，再根据目标匹配具体的教学内容安排。

二、游戏还是训练？

根据《3—6 岁儿童学习与发展指南》的要求，以及 2019 年国办印发的《体育强国建设纲要》，用游戏的方法指导儿童运动被强调应作为幼儿体育教育的核心模式。但对于运动馆的教学，随着幼儿年龄的增加，大班时在体育教学上也要考虑幼小衔接问题，在一些典型的技能教学部分，可尝试重复、纠错、再练习的训练模式，让幼儿适应未来的小学体育生活。

目前，由于我国的学前教育研究和体育教育研究相对独立，学前儿童的体育教育非常薄弱。很多幼儿园老师不会上体育课，很多体育教育专业的毕业生，由于接受的是义务教育阶段(6 岁以上)体育教育的专业学习，也同样不擅长幼儿的体育课教学，一些单项运动的教练更是习惯性地把幼儿体育成人化，使得很多幼儿错过了动作发展的敏感期，导致他们进入义务教育阶段接受体育教育时，不能有效地产生自信心理，最终影响了他们对运动的喜爱，为其成人后的健康发展埋下了隐患。

第三节　如何根据动作发展规律设定阶段性教学目标？

通过以上两小节的学习，我们就可以正式进入教学目标的制定了，教学目标是通过教学活动要达到的预期学习结果或程度，比如，通过教学，幼儿学会游泳或跳绳等。但是，这些目标都是教学的最终目标，是很难一蹴而就的，我们需要分解这些目标，设定一些阶段性目标。比如，在游泳学习中，我们可以让幼儿先学会蛙泳；在幼儿学会蛙泳前，我们先要教他们漂浮、蹬夹水、换气等，这些就是阶段性目标。比如跳绳，我们可以先教会幼儿摇绳，再让其学会单个跳，最后学会连续跳等，这些也是阶段性目标。

幼儿体育教学的目的，是让幼儿在运动中感受快乐和自信，并最终爱上运动，养成运动的习惯，而爱上运动的前提，是培养幼儿在运动中的成就感。如何把幼儿体育切分成符合儿童生理、心理和动作发展规律的阶段进行教学，是幼儿体育教学的难点，这就需要“小步子”和“小台阶”的概念。

“小步子”是教学过程与步骤，步骤涉及教学内容与方法，即在某个教学片段中将采用什么方法教授什么内容，以及教学的先后顺序。“小台阶”是目标，目标有具体的高度，是每一个模块或每一节课要实现的结果或达到的程度。

我们以 5 岁儿童学拍球为例做个说明，按照 TGMD-3 的标准，儿童学会单手原地拍球有 3 个考核点：

①用手指而不是手掌拍球；

②把球拍到腰部高度；

③双脚不动，连续运球四次。

这个看似简单的动作，对儿童而言，掌握起来并不容易。如果用成人的思维进行教学，由于超出儿童可以接受的范围，只能事倍功半，让儿童的自信心受挫。所以，我们需要根据儿童的生理和心理发展规律把这个动作进行细分，并设置阶段性目标。

单就原地单手拍球而言，由于站在原地用手指把球连续四次拍到腰部高度大大超过了儿童短时间内的可接受能力，所以在设置目标的时候，应该思考这里的教学重点和难点。

首先，5 岁儿童单手很难把球控制在原地，所以我们可以在一开始时考虑移动，或者双手进行。其次，由于要用手指，且拍到腰部高度，这就需要儿童具备一定的力量，也可以考虑双手进行。最后，由于儿童的教学需要具备游戏化、情境化，所以，在明确了具体进阶步骤以后，我们就可以用游戏的方式，或者用游戏的称呼来定义每一个“小步子”。

比如，笔者在教 5 岁儿童拍球时，一般会分几个阶段进行教学。

第一个阶段：双手腰部高度分别拍接球 4 次。

1. 儿童双手持球砸向地面，取名“超级炸弹”(见图 4-1)；

图 4-1　双手向下砸球

2. 儿童双手持球砸向地面后，使球竖直弹起并到达儿童的腰部高度，取名“超级导弹”；

3. 球弹回儿童的腰部高度时，让儿童双手接住，取名“导弹回收”(见图 4-2)；

4. 儿童连续重复第 1—3 步 4 次；

5. 儿童把双手接球改为拍球 2 次；

6. 儿童从双手拍球 2 次逐步过渡到拍球 4 次。

图 4-2　双手向下砸球后接球

以上 6 步，即双手腰部高度拍接球 4 次。

第二个阶段：单手腰部高度分别拍接球 4 次。

7. 儿童尝试用右手持球砸向地面(见图 4-3)；

图 4-3　右手向下砸球

8. 儿童尝试用右手持球砸向地面后竖直弹起，并到达儿童的腰部高度；

9. 球弹回到儿童的腰部高度时，让儿童双手接住；

10. 让儿童不间断重复第 7—9 步 4 次；

11. 让儿童尝试用左手逐步完成 7—10 步的动作(见图 4-4)。

图 4-4 左手向下砸球

第三个阶段：单手腰部高度连续拍球 4 次。

12. 让儿童用右手持球拍向地面，不固定脚步争取拍 2 次，并逐步过渡到 4 次(见图 4-5)；

图 4-5 右手拍球

13. 让儿童用右手手指拍球 4 次(见图 4-6)；

图 4-6　右手手指拍球

14. 让儿童用右手手指拍球到腰部高度 4 次。

最后一个“小台阶”，也是最后一个“小步子”：单手腰部高度原地连续拍球 4 次。

15. 让儿童原地用右手手指拍球到腰部高度 4 次。

至此，儿童的原地单手拍球教学算是基本结束。可以看出，看似简单、一蹴而就的单手原地拍球，对 5 岁儿童来说，是一个非常复杂的过程，需要合理地拆分教学目标，在保证儿童自信心的同时，还得兼顾运动的趣味性，培养儿童的积极性和想象力。

“小步子”和“小台阶”的精髓在于，把一个较大的教学目标根据儿童的具体情况，拆分成多个阶段性的小目标，最终通过“小步子”的教学步骤，逐步实现教学目标。

我们对上面的例子做一个总结，单手原地连续拍球 4 次到腰部，是个较大的教学目标，是很难一下子达到的，如果强行练习，很容易打击孩子的自信心和兴趣，所以我们可以在战略上把教学目标分成几个阶段：

第一个阶段：双手腰部高度分别拍接球 4 次；

第二个阶段：单手腰部高度分别拍接球 4 次；

第三个阶段：单手腰部高度连续拍球 4 次；

第四个阶段：单手腰部高度原地连续拍球 4 次。

我们可以把这些阶段叫作“小台阶”。而具体如何上这些“小台阶”，就是“小步子”。比如第一个“小台阶”：双手腰部高度分别拍接球 4 次，我们将其更具体地细分，让孩子从砸球开始练习，让他们觉得有意思，保证目标完成得很容易，这些具体的步骤，就是“小步子”。当然，也可以把目标定得更小，每一个楼梯就是一个小目标、一个“小台阶”。

总之，“小台阶”是目标，“小步子”是方法。一个“小台阶”可以拆分成一个“小步子”，也可以拆分成多个“小步子”。

第五章　教什么？——教学内容的选编

《3—6 岁儿童学习与发展指南》指出，发育良好的身体、愉快的情绪、强健的体质、协调的动作、良好的生活习惯和基本生活能力是幼儿身心健康的重要标志，也是其他领域学习与发展的基础。

第一节　什么是幼儿体育基础中的基础？

促进幼儿身心健康，运动游戏必不可少，动作发展的基础性显而易见。动作发展是指人的技能性动作表现随时间的变化发展的过程，动作技能研究专家 Seefeldt 在构建动作熟练度发展序列模型时指出，基本动作技能是在反射的基础上发展而来的更广泛的动作技能，除非个体的多种基本动作技能都得到基本的发展，否则他们的动作技能水平将难以发展到“金字塔”中的高级水平，即达到运动、竞赛和舞蹈动作技能所要求的熟练度(见图 5-1)。

如图 5-1 所示，基本动作技能是所有运动项目的基础，因此，在儿童发育早期要进行跑、跳、投掷、拍球、躲闪、挥击等动作练习，提高人体基本活动能力，获得丰富的运动体验，为以后的组合动作、过渡动作以及项目学习打下良好的基础。在动作熟练度发展序列模型中，应掌握的技能是多样化的，哪些是最重要、最基础的呢？即哪些是基础中的基础呢？如前文述，幼儿体育的基本动作技能包括四大类，分别是移动类、非移动类、平衡类和操作类。

从动作技能与身体素质相结合的角度分析，移动类动作技能涉及速度、力

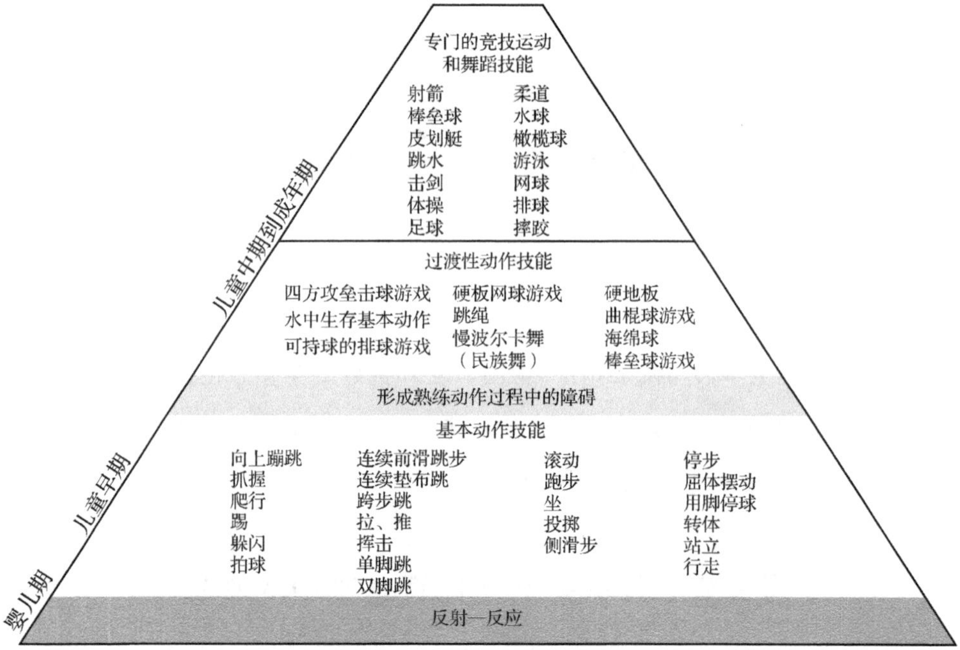

图 5-1 动作熟练度发展序列模型

量、灵敏度与协调等综合素质；非移动类动作技能本质上取决于身体灵活性、柔韧性与力量等；平衡类动作技能表现为身体的控制能力，需要神经与肌肉的参与；操作类动作技能属于手眼、脚眼等协调练习，是许多球类练习的基础。由此可见，移动类动作技能和操作类动作技能是促进幼儿动作发展，提高幼儿身体素质最基础、最直接的技能，最具有普适性的价值，是幼儿未来从事许多运动、竞赛和终身体育活动的基础。因此，诸如跑、跳、跨、钻、爬、踢球、拍球、投掷、击打等动作技能是幼儿体育基础中的基础。

第二节 一节课如何体现全面中的全面？

幼儿的发展是一个整体，要取得幼儿体、智、德、美、劳的全面发展，就要注重五大领域之间以及每个领域的各个目标之间的过渡、渗透和整合。就健康领域而言，教学计划、目标和内容应充分体现全面性，在游戏与运动中考虑幼儿的身体、心理和社会适应能力的全面锻炼和协调发展。儿童运动馆应重点研发课程体系，教学设计分阶段(按年龄段或学期)、分单元(按月、周或课次)，体现全面性，总体上达成动作发展、品格养成和社会适应的目标。

总体上实现健康领域的全面发展，在每一节课上也要体现全面性，即全面中的全面。首先，幼儿阶段身体各器官机能发育不完善，能够承受的运动负荷较小，局部肌肉组织易疲劳，不宜长时间进行单一练习，否则会产生代偿，容易使其受伤。这就需要在一节课上不断变换运动方式与内容，合理调配时间比例。其次，幼儿活泼好动，大脑皮层的兴奋和抑制不均衡，兴奋和抑制转换较快，注意力不易集中，长时间进行单一练习容易走神儿。相应的教学策略是教师建立教学片段的概念，在幼儿的兴趣淡化之前，自然过渡到下一个片段；或以总结游戏的方式让幼儿获得休息，总结完毕后再进行情景导入进入下一个练习。由于幼儿的疲劳易恢复，幼儿在进入下一个片段时已经精力充沛、热情饱满、兴趣高涨、注意力集中了。

以运动馆一个半小时的课来讲，应交替进行跑跳投、上下肢、左右侧、个人与团队、竞赛与协作的运动内容，在一次教学中实现全面中的全面。例如在跑跨结合练习时，幼儿进行几次跑跨组合后，下肢力量减弱，这时继续进行运动可能导致幼儿绊倒、摔伤，此时可转变为上肢摆臂动作练习，这样幼儿不仅得到了体能上的恢复，也对跑步动作模式的局部动作进行了针对性的纠错练习。之后可穿插滚翻与平衡练习，或安排集体协作游戏，从素质练习转变为体育品质的培养，促进全面发展。

第三节　教材内容采用螺旋式还是直线式排列?

和中小学体育教材内容一样，幼儿体育的教学内容也可以按照螺旋式和直线式两种排列方式进行。螺旋式排列是指按照幼儿身体和心理发展顺序组织起来的，在不同阶段重复呈现的体育活动排列方式。这种排列的目的是提高幼儿身体、心理发展水平及社会适应能力，增加对某些体育内容的体验，强化提高技能水平。直线式排列是指将体育活动内容在相对集中的时间内按照逻辑顺序组织起来，其前后内容基本不重复。直线式内容排列由简到繁，由易到难，目的是较系统地呈现体育活动内容，有利于幼儿较系统地掌握运动技术。

幼儿模仿性强，动作发展可塑性高，学习进度快，但是动作技能的遗忘和消退速度也快，如果两三天不参加体育活动，可能会忘记之前所学的动作名称和动作模式。比如单杠的教学，在中班年龄段教师教会“杠下回环”和“跳上成支撑—前翻下”(见图 5-2)后，间隔一周，当教师提出做“跳上成支撑—前翻下”后，有些幼儿会做成杠下回环的动作。在教师示范与纠正后，幼儿马上又掌握了这些动作。因此，从幼儿技能学习与遗忘的特征来看，大部分教材内容宜采用螺旋式排列。

图 5-2　跳上成支撑—前翻下

此外，目前幼儿体育培训市场良莠不齐，从业门槛低，区域差异性也很大。幼儿体育培训所采用的教材内容缺少规范性和统一性，大部分是自编教材，或挂靠品牌用加盟连锁店的教材内容。至于哪些内容适合哪个年龄阶段，并没有权威的教材，哪些内容需要多大程度的重复，都缺少科学的研究论证。幼儿园采用的教材，无论是北京地区的《幼儿园快乐与发展课程》，还是上海地区使用的《运动(3—6 岁)》，其体育内容的难度都远低于幼儿的实际运动水平，停留在游戏与娱乐层面。因此，走在发展前列的市场培训行业，有必要集合社会力量编排出具有权威性的教材内容。

第四节 幼儿体育的“项目＋”中的“＋”指什么？

在全民健身上升为国家战略后，人们的健康意识越来越强，体育锻炼从娃娃抓起已经成为家长的共识，这些理念的转变为幼儿体育培训市场带来了强大的驱动力。幼儿足球、篮球、武术、跆拳道等项目正大踏步走进运动馆、幼儿园。

按照前文的分析，幼儿阶段应进行基础、全面的锻炼，专项培训应在基础技能熟练之后进行。但由于教育观念的差别、市场需求的旺盛、商业利益的驱使，有些家长也迫切想看到孩子参加体育培训的效果，以可量化的标准评价孩子的成长，结果一些成人运动项目下潜到幼儿阶段。早期专项化训练是不利于幼儿身体发育的，会过早、过多地消耗幼儿某一方面的身体机能。那么科学锻炼的理想化和市场纷乱的现实之间能否取得相对的平衡呢？在这里，我们引入“项目＋”的概念。

“项目＋”中的“＋”指什么？指基础体能练习。每一个项目，无论是普通、常见的幼儿足球、篮球、跆拳道或游泳，还是相对高端的马术、击剑、高尔夫等，都应该在项目教学中融入大量的基础体能练习，如各种方式的爬行、攀登，显著提高幼儿协调性和全身力量；跑跳、跨越类练习简便易操作，能提高幼儿的速度和下肢力量，或和躲闪相结合，增加灵敏性的锻炼；滚翻类练习刺激儿童的前庭器官，提高空间认知，也有利于培养幼儿的自我保护意识；各种拍球、踢球、投掷和抛接，锻炼幼儿的手眼、脚眼协调，增强其器械操控能力；舞蹈类动作有助于幼儿的形体发展和节奏感的建立。以上这些都是基本的体能练习内容，大部分和田径、体操以及基础的球类、舞蹈相关，需要教师精心设计，附加到每一种体育项目培训中，在每一节教学中实施，作为基础内容，淡化项目概念，增强体能观念。

参加体育培训的教师和家长都应该明白一个道理，专项技能是以专项体能为支撑的，专项体能是建立在基础体能上的，因此基础体能是至关重要的。体育培训的内容设置不要完全依据儿童的兴趣，要依据内容本身的价值。兴趣和锻炼价值是两个概念，兴趣和教学方法、手段相关，取决于教师的教学艺术；锻炼价值和内容相关。在教学过程中，教师的主导性应充分体现出来，儿童的主体性应该和教学的强制性结合考虑。真正的快乐是取得成就的快乐，要和练习内容的价值、挑战性以及儿童的成长结合起来。

第五节　如何对外来内容进行本土化改编?

很多幼儿体育教育者面临繁多的国外先进教学经验，往往是原封不动地照搬移植，将拿来主义进行到底。纵观国际幼儿体育发展现状，欧美学派幼儿体育偏向以 TGMD 和 FMS 评价导向为主的大肌肉群动作模式发展，亚洲学派以日本的户外体育、体操技能教学和新加坡的幼儿体适能为主。中国幼儿体育刚刚起步，任重而道远，应虚心学习国外先进教学理念并结合国内现状推广才能快速发展。

国情不同，需要我们对舶来内容进行本土化改编，避免食洋不化。

首先，我们可以向同处亚洲的近邻日本学习。日本的户外体育理念可以给大家提供很多思路，体操技能教学也是非常适合幼儿学习的，但是需要授课教师熟练地掌握体操基础技能，才能消除教学过程中的安全隐患。实施日本的幼儿体育内容，需要降低运动技能的难度，增加参与度和兴趣，从幼儿小班做起，加强基本身体素质练习，提高基本运动能力，树立规则意识。

新加坡的幼儿体适能源于美国的体能训练，经过新加坡幼儿体育教育者改编后，适合亚洲幼儿练习，但是需要很多特定的器材。因此教师只要克服器材的替代问题，就可以吸收使用。目前国内的器材生产还不理想，运动馆可以基于需求向厂家提出个性化定制的要求。

欧美学派的大肌肉群动作发展和基本动作技能可以给幼儿体育教师带来新的思路，尤其是幼儿的动作发展可以帮助教师建立完整的动作技能学习观，为幼儿带来更好的运动体验。这就需要教师持续不断地学习理论，增加运动体验，知行结合。教师的高水平示范能力会大大增强幼儿的运动能力。

第六节　如何将普通游戏改编为教学内容？

美国心理学家布鲁纳认为，最好的学习动力是对所学材料有兴趣，而最能激发学生兴趣的莫过于游戏。游戏是幼儿体育教学的主要媒介，以游戏为载体是发展幼儿身体素质、提高幼儿运动能力的有效方法，也符合幼儿的认知特点。将普通的游戏改编成适合幼儿的教学内容，我们首先要明确一个概念：游戏是为完成教学目标服务的。因此在进行课程设计时要明确本节课的教学目标，然后分析教学目标，围绕教学目标设计适宜的游戏。

幼儿不是缩小版的成人，因此在设计幼儿体育活动时不能直接将游戏搬到幼儿体育课上，而是需要将游戏改编成适合幼儿的教学内容。

一、符合幼儿认知水平

幼儿体育教师要对教学对象有充分的了解才行，尤其是对幼儿认知水平的了解，所设计的教学内容必须符合现阶段幼儿的认知水平，太高会导致幼儿不能理解教学内容，浪费教师的一番心血；太低会让幼儿觉得没有挑战，导致幼儿的参与性不高，很容易对教学内容产生疲乏感。例如传统的“老鹰抓小鸡”游戏，一般都是一个“母鸡”后面跟着一列“小鸡”，“老鹰”需要快速跑动到队伍的最后才能抓住“小鸡”。现在可以这样改编，8—10 个幼儿手拉手围成圆圈，另选一人当“老鹰”，“老鹰”在圈外指定圈内一人为“小鸡”，其余幼儿则为“母鸡”，“母鸡”为保护“小鸡”会主动地将圈转动起来，不让“老鹰”抓住“小鸡”(见图 5-3)。

图 5-3 改编的“老鹰抓小鸡”

二、简化游戏规则

游戏规则的设定一定要简单，不宜复杂，3—6 岁幼儿的认知水平难以在短时间内处理太复杂的信息。在将普通游戏改编成教学内容时可以先选取普通游戏的一部分作为教学内容，待幼儿适应游戏后再适当增加教学内容的难度，循序渐进。例如蹦床教学中的空中分腿跳内容，可以先引导幼儿坐在蹦床上进行“石头剪刀布”游戏，熟悉后带领幼儿进行垂直起跳，让他们在空中做“石头剪刀布”，熟练后再引导幼儿在空中用脚进行“石头剪刀布”游戏，由易到难，循序渐进，幼儿自然就掌握了空中分腿跳的教学内容。

三、教学内容生活化

将普通游戏改编为教学内容时，可以从日常生活中常见的生活用品出发，利用幼儿已有的生活经验作为教学工具。最常见的就是拟态体育教学，模拟动植物的特征或者生活方式作为教学内容，在一个虚拟的场景中，让每个参与的幼儿置身其中，增加课堂的有机性，提高幼儿的学习兴趣。例如设计跳跃内容时，可以设计“小青蛙吃害虫”游戏，“小青蛙”在夜间蹲跳出去捕食“害虫”，吃饱后“小青蛙”要蹲跳回“池塘”里休息睡觉。

第七节　教学对象与教学条件变化时如何应对？

一、幼儿人数临时变化时如何改变教学？

一般来说，培训机构中各个班里的人数是固定的，不会出现大的变动。但是结合多年的幼儿教学实践发现，一方面，新加入培训的部分幼儿体质较差，季节变换或天气变化时易出现感冒发烧等症状，也有些幼儿处于心理焦虑期，以各种借口逃避上课。另一方面，也可能有同班或同社区的孩子结伴上体验课使人数突然增加的情况。这些情况导致的结果是场地拥挤或空旷，器材不够或多余，幼儿能力水平参差不齐，教师缺少教学助手等，对于这些突发状况教师要有及时调整、灵活应对的能力。

1. 人数减少——分层教学

分层教学就是教师根据学生现有的知识、能力水平和潜力倾向把学生科学地分成各自水平相近的群体并区别对待，这些群体在教师恰当的分层策略和相互作用中得到最好的发展和提高。依据区别对待原则，当班级幼儿人数临时减少时，教师有更多精力进行分层教学提高教学效果，原则上可按照既定的教学计划进行，同时对幼儿进行分层设定教学目标。能力较强的幼儿达到目标后继续提高；对于能力较弱的幼儿，教师应适当降低教学难度，重点帮扶。班里人数减少时恰恰是给优秀学生再拔高，给能力较弱学生“开小灶”的合适时机。

2. 人数增加——循环练习

当班级幼儿人数临时增加时，尤其是人数突然增加很多，就需要进行循环练习。教师根据幼儿的人数设置多个练习站，每个练习站设置一个练习内容。将幼儿分组后分配到各个运动站，按规定顺序、路线、方式依次循环完成每站的练习内容。循环训练让幼儿能够有多种运动体验的机会，同时教师在此过程中得到了相对的解放，只需要关注需要帮助的某一固定练习站即可，而且一定程度上解决了统一练习时的器材场地不足的问题，缓解人数突然增加时的师资和场地压力。

3. 场地变化——因地制宜

在进行体育教学时，场地始终是影响体育教学的重要因素之一，无论是在室内、室外还是在其他练习场地，无论地面是塑胶、地胶、水泥、草地还是泡沫垫等，场地设施的安全隐患始终是教师首先要排查的。教师要根据场地器材适当修改教学内容，使教学目标能够如期达成。如在室外练习时，教师宜选择空旷平整的地面，然后根据场地的台阶或者地上的线条进行直线跑或者冲坡练习；圆形场地可让幼儿在四周，教师在圆心带领练习。在室内练习时，教师可根据室内的场地器材和固定装置进行合理改造，如利用屋顶的钢架结构悬挂防护网或绳子来设计发展幼儿上肢力量和悬挂支撑能力的教学内容。图 5-4 和图 5-5 展示了因地制宜条件下的体育教学活动。

图 5-4　因地制宜开展教学(1)

图 5-5 因地制宜开展教学(2)

4. 器材受限——一物多用

在体育教学中，体育器材可以有多种不同的运用方法。当器材数量或规格受限时，教师可以通过体育器材的重新组合，利用生活元素制作体育器材，或挖掘体育器材新的功能等，使体育器材变得更加丰富多样，这样不仅提高体育器材的利用率，还可以激发学生的学习兴趣，提升教学的有效性。有时候一根跳绳就可以有多种用法，除了常规的单摇、双摇、编花外，还可以将多条跳绳排成绳梯状，让幼儿进行脚步的灵活性练习；还可以将跳绳系在别的器材上，制造一个有障碍的火线穿越场景，发展幼儿手脚协调能力和控制能力；还可以将跳绳升高，当成投掷练习的参照物使用，以此规范幼儿的出手角度。

此外，当器材变化和器材受限同时出现时，还可以怎样进行幼儿体育教学呢？其实很简单，教师只需要根据场地环境，创设一个有趣的情景，自然可以在无器材的情况下带领幼儿进行体育活动。例如，结合天气变化就可以设计一个有关天气的体育活动，教师引导幼儿创设小雨、大雨、暴风雨和下雪的情景，带领学生做小步跑练习、高抬腿练习、展体跳和蹲起练习，这就是一个典型的无器材体能练习的案例。

二、四季变化、天气变化时如何安排教学内容?

根据自然界四季变换规律来进行幼儿体育课程的系统性设计，是一个优秀幼儿体育教育工作者的看家本领。

夏秋季天气炎热，昼长夜短，早晚温度、光线适宜幼儿进行户外体育活动，白天温度较高，幼儿很容易进行热身活动，是进行幼儿游泳、体操和动作模式练习的有利时间，但要避免幼儿中暑，不建议在中午进行体育活动。因此在设计夏秋季幼儿体育课程时，可以多进行体操类、平衡类、操控类和基础运动能力的练习。冬春季天气寒冷，昼短夜长，早晚温度低，幼儿穿着较厚，难以充分热身，神经兴奋性不高，适宜进行热身操、跑跳、跨越、搬运等力量和速度练习，提高身体素质和心肺功能。

第八节　什么是幼儿体育的同课异构?

同课异构是指同一教学内容由不同的教师来上课，比较他们对教材的分析、教学设计和教学风格的不同，达到相互学习的目的。萧伯纳说过:“你有一个苹果，我有一个苹果，交换后每人还是一个苹果；你有一种思想，我有一种思想，交换后每人有两种思想。”因此同课异构的教研方式，可以引发参与者智慧的碰撞，可以取长补短，明显提高教育教学效果。

同课异构在中小学体育教研中较为常见，其实在幼儿体育教学中也可以有同课异构。表 5-1 至表 5-5 展示了一系列同课异构的案例，案例 1 是遵循幼儿运动技能形成规律设计的教学内容，循序渐进，能帮助幼儿轻松掌握运动技能；案例 2 是依据游戏的难易进阶设计的教学比赛，以赛促练，符合幼儿的运动心理特征。

表 5-1 前滚翻

	案例 1	案例 2
教学过程	1. 情境创设：小老鼠偷油吃 2. 动作模式分解教学 (1)站立姿势 (2)蹲立手支撑姿势 (3)勾头翻滚动作 3. 在教师帮助下完整滚翻练习 4. 由高到低前滚翻练习 5. 平面垫子完整翻滚练习	1. 游戏：铅笔滚动 2.“抱膝不倒翁”游戏 3.“小刺猬滚山坡”游戏 (1)手支撑动作 (2)勾头脚蹬地打招呼 (3)“刺猬”滚下山坡 4.“刺猬”草地翻滚 5.“刺猬”夹球翻滚比赛
设计思路	情境创设给幼儿建立一个生动的滚翻动作形象，激发幼儿的练习兴趣，然后将动作按步骤分解教学，最后再完整练习动作。先让幼儿快速体验翻滚的完整动作，强化手支撑动作，循序渐进，增强滚翻的能力，让幼儿有更好的运动体验。	先进行铅笔滚动和不倒翁的游戏，让学生体会翻滚时团身控制身体。用“小刺猬滚山坡”游戏让幼儿完成翻滚的前置练习，后斜坡垫增加滚动的惯性，让幼儿更好地体验翻滚。最后进行平地滚翻和“刺猬”夹球滚翻比赛，激发幼儿练习兴趣。

表 5-2 投掷

	案例 1	案例 2
教学过程	1. 情境创设：士兵投掷 2. 动作模式分解教学 (1)站立时优势手持沙包 (2)引臂撤步抬前手 (3)挺胸挥臂投掷 3. 完整投掷动作教学 4. 掷远比赛	1. 游戏：自抛自接击掌 2. 抛与掷的对比练习 (1)由下向上抛远比赛 (2)由后向前掷远比赛 3.“打马蜂窝”游戏 4. 掷远比赛
设计思路	先让学生体验投掷，对投掷产生兴趣，然后再按步骤练习分解动作，重复练习固定投掷动作，动作熟练后进行掷远比赛。	通过自抛自接游戏熟悉投掷物的重量和材质后，对比抛与接的动作结构，通过“打马蜂窝”的游戏学习肩上投掷，最后进行掷远比赛。

表 5-3　爬行

	案例 1	案例 2
教学过程	1. 情境创设：钻山洞 2. 六点支撑爬行 3. 四点支撑爬行 4. 横向爬＋跑步 5. 后退爬＋跳跃	1. 游戏：动物舞会 2. 仿生练习比赛 (1)小猫爬比赛 (2)老虎爬比赛 (3)猴子爬比赛 (4)壁虎爬比赛
设计思路	通过“钻山洞”游戏激发幼儿对爬行的兴趣，然后规定爬行时的身体姿势和动作进行不同支撑与方向的爬行教学。再将爬行与其他动作相结合，缓解局部疲劳，提高动作难度，丰富运动体验。	创设一个动物舞会的场景，带领幼儿去练习各种动物的爬行动作。仿生练习是幼儿喜欢的方式，在各种比赛中发展幼儿的上下肢协调性。中间穿插动物习性讲解让幼儿休息。

表 5-4　跑步跨栏

	案例 1	案例 2
教学过程	1. 情境创设：羚羊奔跑 2. 低栏跨跑 (1)低栏中远距 (2)低栏远距 3. 高栏跨跑 (1)高栏近距 (2)高栏中远距 (3)高栏远距 4. 羚羊跨栏运动会	1. 游戏：红绿灯 2. 连续跳栏比赛 3. 快速跑＋跳栏比赛 4. 快速跑＋跨 1—2 栏比赛 5. 快速跑＋跨栏＋钻爬比赛 6. 放松律动
设计思路	创设羚羊奔跑越障碍的情境，使幼儿在脑海中建构跨越动作，鼓励幼儿像羚羊一样勇敢跨越障碍。栏架高度由低到高，栏架间距由近及远，幼儿逐步增加腾空跨越的动作，强化动作模式。	按步骤依次进行跑步热身游戏“红绿灯”后，在比赛中练习双脚跳栏过障碍，感知栏架高度，之后双脚跳改为单脚跨，对比动作异同，再丰富移动技能比赛，最后进行放松。

表 5-5　平衡

	案例 1	案例 2
教学过程	1. 情境创设：过独木桥 2. 平衡木跪姿爬行 3. 平衡木横向移动 4. 平衡木向前走 5. 平衡木转身与后退 6. 平衡木猫步	1. 铁轨上的小火车 2. 金鸡独立 3. 走平衡木 4. 平衡木上拾物 5. 平衡木＋波速球 6. 平衡木障碍门
设计思路	结合平衡木，创设过独木桥的场景，让幼儿自由在平衡木上走动。然后引导幼儿在平衡木上进行跪姿爬行、横向移动、向前向后走、转身，以及猫步练习等，逐渐增加难度。	带领幼儿走两根平衡木，后进行单脚站立体会平衡。再带领幼儿走平衡木，在平衡木两边放置一些玩具，让幼儿边走边捡起玩具，再用波速球和呼啦圈搭建障碍门增加走平衡木的难度。

以上同课异构，内容和思路不同，但基本上能达成同样的教学目标，实现相似、相近的教学目的。此外还要注意，同课异构的教学对象是幼儿，因此在教学设计时要考虑幼儿的身体水平和接受能力，要拥有一颗包容的心，理解幼儿的恐惧，接受幼儿当前阶段的认知水平，给予他们更多的耐心，做一个有同理心的教师。

第六章　用什么教？——教学器材的运用

教学器材是提高课堂教学质量、丰富幼儿体育活动内容的基础条件之一，也是教师与幼儿进行双边互动的重要媒介。《幼儿园教育指导纲要》指出，户外体育活动场地、运动器材种类要丰富多样，能满足不同年龄幼儿锻炼和选择的需要，利用器材设计活动可以促进幼儿的各种基本动作形成，提高基本身体素质。儿童运动馆的教学规模较小，教师更应该精心构思、巧妙设计，让儿童"玩"起来，让器材"活"起来，多方面、多层次、多方式激发幼儿的运动兴趣。

第一节　常见幼儿体育器材的共性提炼与游戏设计

依据体育器材的功能、形状、质地等特征进行分类，分析每一类器材的共性特征，教师可以更加轻松自如地设计游戏，增加练习的针对性，达成教学目标。下面以幼儿常用的体育器材——球类、绳类、圈类、棒类(拍类)、垫子类、锥桶类为例(其他类器材游戏另见由首都师范大学出版社出版的本丛书第二本《幼儿园运动游戏精选》)，提炼它们的共性特征，分析教学指导策略(见表 6-1)。

表 6-1　六种幼儿体育器材的共性特征与指导策略

器材名称	共性特征	指导策略
球类	通常为圆形，反弹稳定，准确性好，耐用性强，可滚动、投掷、抛接等，幼儿喜欢，易上手。	设计手拍球、脚踢球、投掷等游戏，促进幼儿手眼、脚眼协调发展，防止幼儿手指戳伤。

续表

器材名称	共性特征	指导策略
绳类	质地柔软，形态多变，长短随意，可连接、捆绑其他器材，能拖曳重物，易操作。	跳绳是基础，应普及开展。还可设计沿绳钻爬、跳跃等游戏，避免缠绕幼儿。
圈类	圆形器材能滚动、可钻爬，可做跳跃的目标区，可做协调性练习的标志线，易组合。	限定跳跃路径与方式，或与取物、快速跑、钻爬相组合，练习跳跃时不要放在光滑的地面上。
棒类（拍类）	不易变形，可手持、做标志杆、与小球类组合等，但击打类动作技能不易操作。	可设计绕杆跑、执杆跑等，但连续击打较难，可考虑改变拍的形状、弹性，注意控制击打方向。
垫子类	安全性强，柔软度高，可做滚翻、跳跃、跨越的落地点，可做防护用具或搭建小屋。	用于体操教学防护，户外小循环的缓冲着地环节，注意回弹性能，防止垫子在地面滑动。
锥桶类	颜色鲜亮易引起注意，目标性强，稳定性好，可做分区练习的边界与循环游戏的动作标志点。	颜色与分组相对应，形状与动作相关联，标志点通常是运动节奏改变点，注意该区域的安全。

一、球类器材的游戏设计与操作要点

基于以上球类器材的共性特征，可设计的内容主要有：滚、拍、运、传、踢、射门、抛接、投篮、拨球、搓球、转球、绕球、反弹球等。以拍球为例，方式包括原地拍球、行进间拍球、蹲下拍球、转圈拍球、双手交替拍球等基本动作。

如篮球游戏，按运动方式可分为五个方面：球感类游戏、运球类游戏、传球类游戏、投球类游戏、对抗类游戏。

（一）球感类游戏

“边抛边走或跑”“搓球”“赶小猪”“绕球”（见图 6-1）等游戏能提升幼儿手眼协

调能力、手腕力量、灵敏性、控球能力等，激发幼儿对球类运动的兴趣。“猫追老鼠”“打保龄球”“小球赛跑”“滚汤圆”等游戏可让幼儿感知速度、力量、空间、位置的变化。

图 6-1　绕球

(二)运球类游戏

包括“原地运球”“移动运球”“合作运球”(见图 6-2)等，在开始学习运球姿势的时候，根据动作要领创编儿歌——肩同宽，打地基，盖房顶，朝前看，脚前

图 6-2　合作运球

拍，不许动。运球熟练后，教师可与幼儿进行互动游戏，增加乐趣，如“木头人运球”“大巨人小矮人”“运球玩大沙包”“模仿动物”“合作运球”等，提升幼儿运球的技巧和控球能力。

(三)传球类游戏

包括“胸前传球”“图形传球”“反弹传接球”(见图 6-3)等，根据幼儿人数组织不同队形进行传接球，传球时上一步，接球时退一步，以此降低球的冲击力和手指手腕的受伤风险，提升幼儿上肢力量和反应能力。

图 6-3　反弹传接球

(四)投球类游戏

包括“原地胸前投篮”、“移动投篮”(见图 6-4)、“运球上篮”等，提升幼儿的上肢力量和空间能力。投篮类练习适宜在抛接练习的基础上，且具有较好的掷远与掷准的前提下进行。

图 6-4 移动投篮

(五)对抗类游戏

如“一对一对抗”：将球滚出，最先拿到球的运球上篮，另一位幼儿防守(见图6-5)；“一对二对抗”：将球抛出，拿球的幼儿进攻突破，另两位幼儿防守；“二对二对抗”：两人一组进行防守合作；“三对三对抗”：三人一组进行防守合作；尝试比赛，跑位、传球、进攻、防守、投篮，初步建立幼儿的规则意识，增强空间变化中的躲闪能力。

图 6-5 一对一对抗

二、绳类器材的游戏设计与操作要点

绳子是日常生活中常见的物品，在幼儿体育教学中用处较为广泛，能测量、比较、分类、编织等，是一个易变、易操作、易探索的器材，能激发幼儿兴趣和探究欲望。不同的玩法促进不同的身体部分发展——在跳跃运动中发展下肢力量，悬挂、拖拉等发展幼儿上肢力量，以多变的方式提升幼儿身体素质。

绳类游戏按照动作划分为行走与平衡类游戏、爬行类游戏、跑跳类游戏和投掷类游戏。行走与平衡类游戏如"绳子上行走"、"平衡达人"(见图 6-6)、"方位空间钻行"等，提升幼儿身体的协调能力、平衡能力、灵敏度和空间思维能力。爬行类游戏如"猴子爬绳""螃蟹爬""熊猫爬行"，锻炼四肢力量与协调性。跑跳类游戏如"揪尾巴"，将短绳系在腰上，追跑并进行角色交换；或"跳尾巴"，将绳子间隔一定的距离放地上，幼儿尝试不同的跳跃方式，如双脚跳、左右跳等。投掷类游戏如"扔绳球"，改变绳子的形态，向上扔、向前扔、有目标地扔，增加投掷乐趣。

图 6-6 平衡达人

三、圈类器材的游戏设计与操作要点

圈类器材是贴近幼儿生活的教具，如呼啦圈、体操圈、游泳圈、轮胎、铁环等，幼儿对这些材料有着丰富的游戏经验。活动设计可关联走、跑、跳、跨、爬、推、抬、滚、垒、绕等，运用多样方式使幼儿综合发展。

圈类游戏按目的划分为行走类游戏、旋转类游戏、钻爬类游戏、跳跃类游戏、合作类游戏等。行走类游戏如“绕圈走”“开汽车”“毛毛虫爬行”等，让幼儿感知不同形状空间、路径的变化；旋转类游戏如“大力士推翻圈”，通过翻、推提升幼儿肢体力量；钻爬类游戏如“老虎钻火圈”，将圈依次摆放为幼儿膝盖高度，让幼儿不触及身体爬行通过；跳跃类游戏如“跳格子”(见图 6-7)，幼儿左右、前后跳圈；合作类游戏如“运送能量圈”，让两名以上幼儿手拿圈，分组跑动比赛。

图 6-7　跳格子

四、棒类(拍类)器材的游戏设计与操作要点

棒类(拍类)器材属于低结构材料，幼儿接触较多的是体操棒、接力棒，喜欢玩的是海绵棒和报纸棒。棒类(拍类)器材除发挥传递、抬运功能外，还可充分练

习幼儿击打、拍击等器械操控能力。

棒类(拍类)游戏按内容划分为模仿类游戏、合作类游戏、操控类游戏。模仿类游戏如“大象的鼻子”“螃蟹遇见蛇”“骑小马”等，在仿生练习中提高幼儿观察、模仿和运动能力；合作类游戏如“抬海绵棒”(见图 6-8)，两个幼儿一组，抬两根海绵棒侧身向前、向后走，熟练后中间放篮球，也可以两人手持海绵棒跨过、跳过、爬过障碍区，丰富运动体验；操控类游戏如“三毛球”，通过改进球拍的大小和球下落的速度，降低拍击难度。低结构材料也可做其他材料的替代物使用，如发挥海绵棒的柔软特性，做“滚滚乐”游戏，将海绵棒铺在地上，幼儿依次侧身翻滚。

图 6-8　抬海绵棒

五、垫子类器材的游戏设计与操作要点

垫子是保障运动安全的一个低结构的运动器材。幼儿在垫子上翻滚，或者利用垫子当障碍物钻过、跨过、爬过，或者跳上、跳下等，以不同的形式使用垫子，提升幼儿的运动技能和素质。

垫上游戏可分为跳跃类游戏、翻滚类游戏、建构类游戏等。跳跃类游戏如

"小青蛙跳荷叶"，将小垫子依次排开，间距30—50厘米，让幼儿蹲跳，增强腿部力量；"助跑跳垫子"将2—4块垫子拼在一起，依次提升宽度和高度，让幼儿尝试练习助跑跨跳，提高幼儿协调性和腿部力量。翻滚类游戏如"烤香肠"(见图6-9)，幼儿平躺在垫子上，侧滚翻过，提升滚翻能力，刺激前庭器官的机能；如"猫捉老鼠"，两个幼儿一组，一位侧滚，一位爬行；如"小刺猬滚山坡"，帮助幼儿学习前滚翻，教师要正确示范和防护。建构类游戏如"建城堡"，让幼儿协作取物(若干垫子)，后自由组合为不同形状的"城堡"。

图 6-9 "烤香肠"游戏

六、锥桶类器材的游戏设计与操作要点

锥桶也叫标志桶，也有幼儿园称作雪糕桶。锥桶经常被当作辅助器材，用在各种活动当中，作为起点和终点标志，或与杆、绳子、沙包组合成多种玩法，激发幼儿的探索欲望。

锥桶类游戏按游戏形式划分为障碍类游戏、操控类游戏、移动类游戏等。障碍类游戏如"勇往直前"，将锥桶摆放成不同的路径，幼儿以绕"S"、跨跳、爬行等方式通过。操控类游戏如"扶树苗"(见图6-10)，锥桶散放场地内，幼儿分成两组，一组将桶放倒，一组将桶扶起，计时比哪组完成得多，提升幼儿的集体荣誉感。移动类游戏如“小乌龟运粮”，幼儿趴在地上将锥桶放在后背上进行爬行比赛；如“奥运圣火传递”，手持上放软排球的锥桶移动，使幼儿感知平衡。

图 6-10 “扶树苗”游戏

第二节 “一物多练”的教学设计

体育器材“一物多练”是一种教学设计思路，可充分挖掘同一器材的不同功能，探索和运用多种方法，发展幼儿的运动能力。与幼儿园的“一物多玩”相比，运动馆里更侧重于“练”，对于教师，这种思路可减少器材的搬运和组织调动，不断变换教学手段吸引儿童注意力；对于幼儿，可引导他们形成各种玩法、练法，提高他们思维的灵活性、变通性和创造性。

一、紧扣教学目标，变通教学器材

儿童运动馆里的“一物多练”不是教师随意地练，也不是让幼儿自主地练，而是在教学目标的指引下，变通方式，替代器材，因地制宜取得更好的教学效果，是教师基于现有条件积极主动地丰富教学手段。

以对轮胎的运用为例：在一节搬运课上，轮胎作为重物使用，幼儿搬运轮胎，提高幼儿上肢力量与协作意识；在一节支撑跳跃课上，轮胎作为“山羊”使用，幼儿手臂支撑轮胎，在轮胎向前滚动的过程中身体跃过；在一节技巧课上，前手翻或后手翻，轮胎都可以作为腰部的支撑物降低动作难度，帮助幼儿克服心理障碍；在支撑跳跃和技巧课上，轮胎因为质地柔软有弹性，是很好的替代器材（见图 6-11）。

图 6-11　变通器材

二、组合主辅器材，提升材料活力

一种器材，围绕它设计各种练习，始终难以突破器材本身的属性限制，但如果将各种器材组合起来，练习的方式会成倍数增加，趣味性和挑战性也进一步增强。

如在一节单杠翻身课的教学中，把充气垫放置在单杠的下面实施教学，单杠是主器材，让幼儿练习引臂、收腹、翻身；充气垫是辅助器材，起到幼儿手滑落地时的缓冲保护作用。在主要练习内容完成后，幼儿的上肢比较疲劳，需要休息放松，那么在结束部分，可在单杠一侧放上跳箱，幼儿一级一级跳上，达到单杠高度，将充气垫斜靠在单杠上做成一个简易滑梯，让幼儿练习下肢力量的同时，获得坐滑梯的犒赏，提升材料活力，一举两得。

三、贯穿课的结构，丰富教学手段

在幼儿体育的教学中，一节课要遵循三段式的教学结构：开始部分通常为热身游戏，情境导入，或为主题教学做准备与铺垫；之后进入基本部分，是一节课的主要教学内容；最后是结束部分，导出情境，放松休息。如果能将课程的这三个部分贯通，使用相同的体育器材，以丰富的教学手段完成教学任务，就是很巧妙的设计。

比如跳绳的教学，在开始的热身环节，设计和绳子相关的游戏，用“踩尾巴”游戏让学生兴奋起来，或听口令抢绳圈，或把绳子放在地上练习跨跳等。到基本部分按“空摇绳—摇双绳—单个跳—连续跳”的步骤实施教学。在结束部分，设计游戏“柔软的绳子”，让幼儿手拿绳子摆出不同的造型，一边拉伸一边放松。在整堂课上，只用到了一种教学器材，但以丰富的教学手段实现了教学目的。

第三节　综合内容与组合器材的循环思路

综合内容和组合器材可使幼儿得到更加全面的锻炼，运动站形式的、闯关性质的循环练习会让教学变得简单，如何让幼儿在多种器材不同形式、不同路径上进行科学合理的运动？我们要严格按照幼儿的身心特征和器材特性让幼儿安全有序、趣味多样、科学高效地运动，提升幼儿的运动技能，这样的设计要把握以下五点要素。

一、安全性

在选择器材的时候要考虑幼儿的年龄，器材重量、使用的方法，场地与器材的结合，环境的防护，循环路线的合理设计，以及教师在每个环节的专业指导、保护与帮助等。尤其要注意的是，循环活动中的各个动作技能都应该是经过单个教学过的，即综合与循环的前提是单项熟练。

二、趣味性

综合内容中每一项内容的类型、难度、时长、路线等都要符合幼儿的心理特点，器材的颜色、形状、类别、搭配要吸引幼儿。运动方式如“跳—走—爬—翻”交替结合，减少枯燥感，教师的情景互动要充满趣味，通过比赛设计、团队合作、音乐背景、肢体鼓励、规则意识等使教学生动活泼。

三、科学性

在教学计划的设计和器材的搭配中，要科学考虑活动的强度、密度，课程结构要合理，动作示范、指导保护要规范，运动形式要动静结合，运动路径要变化有序，设计动作要由低到高。

四、高效性

循环练习应高效有序，减少幼儿的消极等待。基本的思路是能快速完成的动作少设置器材，花费时间的项目多分组多分配器材，教师的站位、口令、运动路线、练习间隔要做到心中有数，要有对幼儿的专注力评价、积极性调动等的管理能力。

五、多样性

循环过程不断变换器材、路径、动作、分组等，使练习更加多样。如“圈—

绳—垫子—锥桶”的循环，过圈用钻、跳等方式，过绳子用跨跳、单脚跳等方式，过垫子可前滚翻或自主探索，过锥桶采用不同的绕行方法，过程中增强幼儿创造力，增加幼儿兴趣，丰富运动技能，提高身体素质。

第四节　器材使用的常见误区

器材作为教学的辅助，存在有其必要性。但最近几年，随着幼儿体育器材的不断丰富，也出现了器材选用的一些误区，如教师对器材的过度依赖，DIY 器材与教学目标背离以及器材的安全隐患问题等。

一、游戏组织过度依赖器材

在运动馆里，有的教师在教学中不断搬运、更换器材，由于运动馆空间有限，需要搬运到指定位置，浪费时间。在幼儿园，这种情况更甚，如户外活动，经常看到一次性投放满场的运动器材，让幼儿自主游戏，自主运动(见图 6-12)。有时候一节观摩课，教师要动用很多器材，费时耗力，似乎离开器材便无法开展运动，殊不知，精准高效地选用器材才是教师高超教学艺术的体现，减少器材投放会显著增加幼儿练习的专注度。那么，如何做到这一点呢？

图 6-12　器材投放过多

探索少器材或零器材体育课是一种思路。教育源于生活，在生活中取材完成教学也是一种思路。如与幼儿玩“双脚跳”游戏，过障碍物，幼儿分成两组，一组幼儿充当障碍物伸直双腿坐在地上，另一组幼儿依次跳跃，后互换角色。幼儿在活动中不但兴趣浓厚，还学会了保护自己和他人。作为教师要探索零器械活动，随时随地开展运动，与使用器材达到的运动效果是一样的。

二、DIY器材与教学目标背离

DIY器材是一种流行趋势。将废旧物品进行形态的改变、组合等让幼儿进行运动游戏，看似是一种变废为宝的思路，但在专业的技能练习中，由于废旧物品或生活用品与体育器材所要求的材质、形状、重量等规格标准不符，练习效果受到影响，达不到动作提升的要求，DIY器材最终成为一种摆设、展示而已。

如利用纸球来练习投掷，影响了幼儿的投掷距离，降低了目标的准确性。因为纸球的重量、大小、握持感都不适合投掷练习。练习投掷宜选用网球或相对饱满的沙包这些与幼儿手掌大小差不多的物体，饱满的沙包适宜手握发力，沙包重量随年龄增加，从小班到大班每个年龄段增加50克左右，这样的投掷物才能起到规范动作模式，增强上肢力量的效果。又如利用废旧的牛奶罐、竹竿、钢丝制作小推车，由于体积轻，根本达不到练习推力的目的。图6-13展示了一些目的不明确的DIY器材，在教学中应避免。

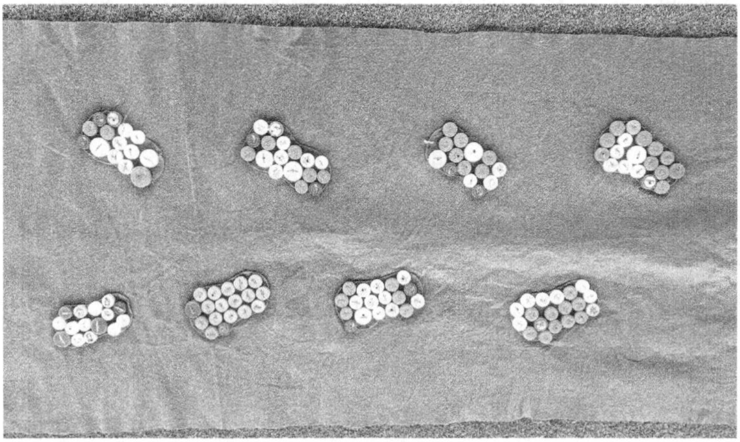

图6-13　目的不明确的DIY器材

三、器材存在安全隐患问题

幼儿体育器材的安全隐患主要有：大型器材年久失修；铁质器材生锈腐蚀，铆钉裸露；木质器材腐朽变质；塑料杆容易折断；支撑跳跃的“山羊”不够稳定；可调节高度的单杠卡扣滑丝；用于保护的垫子在地面上易滑动等。《幼儿园教育指导纲要》指出：“要为幼儿创设安全的生活环境，提供必要的保护措施。”安全是游戏的前提，教师要了解器材的特性，讲解清楚活动规则，教会幼儿正确使用器材。在器材的选择上，要选择正规厂家，规格符合国家质量标准认证，做工精致，边角圆滑，连接处牢固。如棍棒器材，幼儿在使用的过程中要手握棍棒的中间，两端进行保护，防止划伤自己和同伴；如平衡木，幼儿在练习的时候，双臂打开，双脚交替向前行走。在器材使用过程中，引导幼儿学会等待和排队，互相谦让，避免碰撞。在活动结束后教师要及时检查、维修器材，保证幼儿游戏安全（见图 6-14）。

图 6-14　安全排查

第七章　怎么教？——教法选择与教学组织

第一节　幼儿体育教学方法的选择

由于幼儿特有的心理和生理特点，相比中小学体育教学，幼儿体育教学有其明显的独特性。讲解时要绘声绘色，示范时要形象夸张，练习方法要变化多端，探究引导要循循善诱，通过体育游戏将教学内容前后贯穿，最终实现教学目标。以上是幼儿体育教学的主要原则，也是核心手段。

一、常见的幼儿体育教学方法与手段

(一)以模仿为主的方法

此类方法可称为仿生练习法，主要指模仿类游戏，适用于年龄比较小的幼儿，教师先做讲解、示范，后让幼儿跟随模仿，可作为课前热身准备和课后的整理放松活动(见图 7-1)。

图 7-1　“小螃蟹过河”游戏

（二）以变化为主的方法

此类方法主要指用各种各样的教具变化和创新，来刺激幼儿参与体育运动。在教具变化时动作的难度、发展的侧重点也在变化，不断变化游戏情境，能激发孩子参与体育活动的积极性。

（三）带有竞争元素的方法

对于年龄较大的幼儿，通过竞争性的游戏，以分组比赛、分局积分的方式组织教学，能提高幼儿参与体育活动的积极性，使幼儿在活动中更加努力和投入，注意力更集中，培养集体主义精神。图 7-2 和图 7-3 展示了两个竞争性游戏。

图 7-2 “移动的篮筐”游戏

图 7-3 “抢夺恐龙蛋”游戏

(四)情境教学法

情境教学法以故事情节或主题活动贯穿于教学中，身体活动始终围绕情节的发展或主题的深入而展开。这种游戏形式能使幼儿对活动有一个完整的印象和认识，提高了身体活动的连贯性，便于幼儿理解和记忆，更能刺激幼儿不断对接下来的活动有所期待和准备(见图 7-4)。

图 7-4　装饰松树

(五)探究教学法

探究教学法鼓励幼儿自主创新、发现和探索。每个幼儿都是一名探索者、创造者和发明者，鼓励幼儿运用各种道具进行游戏活动，探索可以用哪些身体部位和动作来完成小任务等，可以让幼儿获得满满的成就感，培养他们对体育运动的兴趣。

二、为什么要优先选用“仿生练习”?

(一)什么是仿生练习?

仿生练习是指通过模仿动物的外形和动作锻炼身体和提高体育运动技能的练习。早在东汉末年，著名医学家华佗就发明了五禽戏。它是根据中医原理，以模仿虎、鹿、熊、猿、鸟五种动物的动作和神态编创的一套导引术。在体育中运用仿生学，让孩子模仿各种动物的钻、爬、跑、跳等，有助于发展幼儿动作的多样性和全面性。

(二)仿生练习的意义

不同年龄段的幼儿在身体和心理等方面都有较为明显的差异，尤其是小班幼儿的体质较弱，身体基本活动能力较差，动作不够稳定、灵敏和协调，思维活动带有具体形象性的特征，喜欢模仿。仿生练习符合幼儿发育和认知的特点，通过模仿动物动作和扮演动物等，以让孩子容易接受的方式开展教学，能够促使他们掌握相应的运动技能。仿生练习不仅为教学提供了更多的素材和方法，提高了教学的趣味性，还帮助幼儿了解和感受不同动物的外形特点与习性，对培养幼儿的爱心也很有帮助。

第二节　幼儿体育课教学组织

幼儿体育课的教学组织，是由体育老师或教练员来具体实施。组织一堂成功的幼儿体育课，老师必须参与运动同孩子们充分互动，并达到安全、有趣、有效、科学的效果，还要促进礼仪和社交发展的功能。因此，对幼儿体育老师的示范能力、组织能力、洞察能力和应变能力都提出了更高要求。

一、什么样的示范才是好的示范？

(一)示范的要点

1. 示范者的站位

如果是刚刚进行了兴奋的移动游戏，需要邀请孩子们坐下来安静地听教师讲解(见图 7-5)。涉及动作的方向时宜用背面示范，展示动作细节宜采用镜面示范，观看动作轮廓或需多角度观看动作可采用侧面示范。

2. 示范者的语言

采用孩子们喜欢和熟悉的语言，多用短句，语速不宜太快，或和动作节奏保持一致，对关键词进行多次重复。

3. 示范者的情绪

示范者精神状态要饱满，充满热情，保持真心的笑容，使自己完全投入于游戏，让孩子看到的是鲜活的画面(见图 7-6)。

图 7-5　面对面讲解

图 7-6　饱满的情绪

4. 示范者的眼神

眼神是信息的交流，示范者目光要持续环视周围，让每一个孩子都能感受到老师的目光在关注他，确保孩子们的目光一直在示范者身上(见图 7-7)。

图 7-7　眼神的交流

5. 示范者的动作

由于幼儿对视觉信息刺激的接收会不完整、不全面，所以需要示范者用夸张的动作幅度，加速或慢放完成。对于危险和错误动作，示范者要夸张展现，配合夸大的语气，起到警示作用(见图 7-8)。幼儿集中注意力的时间非常短暂，示范要简单有效，切忌过多地讲解。对于复杂和有难度的技术动作，则要求教师刻意放慢动作速度，甚至定格镜头，便于幼儿观察细节。

图 7-8　夸张的示范

(二)确保幼儿注意力集中

(1)保证每一个幼儿都能看到教师的眼睛和身体，提醒幼儿用眼睛看。

(2)表扬全神贯注的幼儿，从而提醒其他分心的幼儿调整注意力。

(3)助教要温柔抚摸分心的幼儿，轻声提醒他用眼睛看。

(4)如果需要教学道具，应在示范结束后分发，避免幼儿把注意力放在道具上。

(三)示范后的三部曲

(1)找两三个幼儿模仿教师的示范，如果他们做不出来或做不像，教师需要降低难度或反思自己的示范效果，必要时重复示范。

(2)在幼儿开始练习后，教师需要四处走动巡查，观察并发现孩子们存在的问题，个例问题随时指导，共性问题统一指导。

(3)如果幼儿非常投入地在练习，即使操作不那么正确，也请不要干预，等这个练习结束再示范正确的动作加以引导和鼓励，这样有利于提高孩子的专注度和反复试错的能力(见图 7-9)。

图 7-9　引导和鼓励

二、如何减少练习中的消极等待?

要提高练习密度，就要精心设计教学组织和安排，尽可能增加每个孩子活动的时间，缩短无谓的等待，让大家都能体验到循环游戏的乐趣。

这里要思考为什么会出现等待时间。是幼儿人数众多，场地不足，教具不足，还是教师人数不足？或者是教学组织不合理？改进的思路有以下五点。

(一)团队游戏让所有孩子动起来

借鉴足球、篮球、排球和手球等团队运动项目规则,让每一个孩子都参与其中,自由追逐和奔跑(见图 7-10)。或利用"捕鱼达人"(躲避球)、"警察抓小偷"等传统游戏,让每一个孩子都充分运动出汗。

图 7-10 追逐游戏

(二)精讲多练,尽快进入教学主题

进入教学基本部分,让幼儿安静下来,坐下来仔细看,集中示范和讲解教学内容的要领、玩法和规则,教师表述要简洁明了。

(三)分解教学内容,降低练习难度

把复杂的教学内容分解成简单的操作步骤,每个孩子都能够独立完成,并反复练习,逐步叠加难度。

(四)增加分组,提高协作练习

根据幼儿人数平均分配游戏人数和场地,可设置两人一组的练习,以配合或者计分的形式协作游戏。几分钟以后,按照逆时针或者顺时针方向交换搭档(见图 7-11)。

图 7-11　团队协作游戏

（五）设计循环与分站练习

利用教学环境的固定设施，设计分站式练习，设置起点和终点，让孩子重复绕行线路 2—3 周(见图 7-12)。限制同一处不能停留太久，如果关卡等待时间较长，可准备两个以上的循环路线，分组游戏。

图 7-12　分站循环

三、精品小班如何教？

(一)精品小班的人数与目的

在儿童运动馆或体育培训俱乐部，精品小班的人数通常设置在4—6人或6—8人，教师和幼儿的比例是1∶4或者1∶6，有时同一个班的幼儿也存在年龄差距。这种小班设置的目的很明确，增强幼儿体质，使幼儿快速掌握运动技能，对幼儿有更好的关照和服务，和家长有更多的沟通和反馈。

(二)1—2个人的班怎么教？

在体育培训机构中，经常有1个教师给1—2个小朋友授课，称之为私教服务。

家长选择私教主要有以下四个因素：(1)时间紧，要求效率，对训练目的性更强。(2)家长认为孩子在集体课中技能表现不如其他孩子，需要额外提高。(3)孩子无法集中注意力。(4)孩子无法融入集体课，需要教师更多关注。

当然，私教授课也有不利因素存在，如：(1)孩子交流的主体是教师，同伴之间的沟通较少。(2)教学内容功能性更强，孩子体会到的趣味性减少。(3)每个教学环节持续时间较长，孩子的专注度会下降。(4)通常家长全程陪同，部分家长会对孩子的表现进行现场评价或干预，影响孩子的情绪和表现。

这种私教的教学要领可从以下四点考虑：

1. 增加教师与幼儿的互动

总体上教师和孩子的互动要更频繁，可以通过互动调整幼儿的练习密度与运动量，教学过程情绪要饱满，调动幼儿积极性，增加鼓励的语言。

2. 提高对教学细节的关注

教师在私教课中示范和展示的次数要多一些，在孩子自主练习时要给予及时、正面的关照和指导。教师要更加关注孩子动作表现的细节，让孩子在短时间内达到教学目的，改善其运动效果(见图7-13)。

图 7-13　细节指导

3. 内容设置可持续有变化

让孩子进行重复的练习时，某个教学环节如果孩子不喜欢，马上变换。如果孩子能明确教学要求，完成度和兴奋度都很高，教师需要鼓励和刺激孩子马上接受新的难度挑战，以便孩子主动投入到技能的巩固和掌握中。

4. 讲究与家长沟通的艺术性

对于密切关注孩子表现的家长，在轮换间隙教师可以和家长分享教学目的，沟通孩子的情况，建议家长鼓励为主，减少指责和批评，也不要因为孩子的憨态可掬而现场发笑，容易使孩子误解为嘲笑，以至于情绪失控和哭闹，从而使得教学无法进行；对于不关注孩子上课表现的家长，在孩子取得进步时，教师可以和孩子一起呼唤家长，请家长看看自己的孩子，并给予肯定和鼓励的语言和掌声，有利于增强孩子的自信心；针对不在现场的家长，教师可拍摄孩子运动的照片或视频，课后与家长沟通孩子上课的过程和表现。

此外，针对幼儿心理特点，需要创造孩子们在一起运动交流的时间和空间，不建议 1—2 人的私教教学。年龄越小的幼儿，越需要在集体环境中去感受运动体验。针对严重缺乏安全感、无法脱离父母独立上课的幼儿，可以在私教时邀请家长一起加入亲子运动，这不仅能安抚幼儿的情绪，还能教会家长陪玩的技能，增加家长的信任度(见图 7-14)。

图 7-14　增加亲子交往

(三)3—4 个人的班怎么教?

3—4 人的培训班，通常配备一个教师，即教师与学生比为 1∶4 的教学模式。对于孩子和家长来说，这是比较乐于接受的状态。

教学中存在的客观情况：(1)3 人班和 4 人班对教师的组织和分组要求是不一样的，尤其在分组和配合教学中，如果是 2 人配合的练习，要迅速参与其中，并注意适时变换搭档。(2)出勤率较高的幼儿，课前导入情绪兴奋度、课中运动表现配合度、课后成就感都会有明显提升。出勤率较低的幼儿，则会出现课前胆怯羞涩、课中注意力分散、课后满意度相对较低的情况。(3)孩子的年龄段不同，运动能力不同，认知能力不同，对教师都是挑战。

这种小班的教学要领可从以下三点考虑：

1. 增加幼儿的自主与探索

相对于 1—2 人私教课，3—4 人班可增加孩子探索的实践和时间，促进孩子之间的交往，减少教师的示范和干预时间。增加孩子活动的区域，充分利用和感受空间，室内室外空间都可以利用(见图 7-15)。

图 7-15　感受高低空间

2. 增加互动与竞赛

可增加教学道具的使用种类和数量，把控切换道具的时间，增加孩子之间相互配合的练习内容以及竞赛的元素。

3. 随时变换教学目标

教学目标不是停留在某一个孩子或者某一个动作技能的细节上，而是看全部孩子都需要发展的技能的共性，看孩子们是否都能学会，一旦学会就马上进入下一个阶段。

(四)5—8 个人的班怎么教?

如果班级人数超过 6 人，除主教之外，一般会增加 1 名助教。主教负责主导教学和整体把控，助教负责协助教学、参与示范和安全维护。

教学面对的基本情况：(1)通常 8 个小朋友，会出现年龄不一、水平不一的情况。(2)较之 3—4 人班，5—8 人班中孩子的注意力容易被分散，出现“孩子王”、“捣蛋鬼”和“胆小鬼”的情况比较多。(3)由于人数增加，需要考虑教学场所的空间面积是否充足。

这种 5—8 人班的教学要领可从以下三点考虑：

1. 强化规则意识，减少组织调动

增加规则指令，合理使用哨子。注意分组的艺术，按照性别或者人数，平均分组，至少保证 1/2 的孩子处于动态当中。采用较少的道具，减少切换场景的时间。

2. 分组分站练习，调控运动负荷

采用分站式练习，用“讲解—示范—练习—总结”的方式调控幼儿运动量(见图 7-16)。尽量让幼儿主动练习，设计组合练习，让所有孩子进行综合化、多样化的练习，必要时赋予幼儿角色，安排小组长协助教学(见图 7-17)。

图 7-16　教师示范，幼儿休息

图 7-17　小组长领做，其他人跟随

3. 增加集体练习，及时调整练习手段

可以多运用捕捉和抓人的游戏，抓人是可以帮助孩子心智发展的游戏，孩子会有害怕被抓到的刺激感和成功逃脱的成就感，能为孩子带来极度兴奋的感受。注意根据孩子的运动量、兴奋度，及时调整训练手段(见图 7-18)。

图 7-18　抓人游戏

四、如何防止幼儿运动“空间萎缩”?

我们将现代孩子游戏环境的日益减少，叫作“空间萎缩现象”。这代表孩子的生活逐渐欠缺“游戏空间”、同伴“相处空间”与“游戏时间”的状态，是运动空间日渐式微的状况。

由于城市房租价格高，在繁华地段的运动馆面积都不够理想。我们建议，如果可能，应尽量给儿童提供开阔宽敞、阳光充足、封闭安全的运动空间。如果空间萎缩现象持续恶化，会造成幼儿心灵成长停滞。由于不擅长与人交流，幼儿长大后更无法顺利地规划将来的人生蓝图，容易感到气馁。

空间密度解释为每个幼儿在游戏环境中所占的空间大小。根据我国的有关研究，幼儿处于人均 2.4 平方米和 1.2 平方米两种不同的空间密度时，其游戏行为有极大的区别，前者表现出较多良好的游戏行为和交往行为，后者攻击、破坏玩具和错误使用材料等行为明显增加。空间密度增加则锻炼幼儿粗大动作的游戏增

加，人际交往开始增加。空间密度计算公式如下：

空间密度＝(房间大小－不可用的空间大小)/幼儿的人数

一般来说，我们可以根据幼儿的游戏行为判断空间的拥挤程度，如粗大动作的游戏频率、游戏的组群大小和交往的频率、攻击性行为等，以便调整空间。

五、如何组织亲子活动？

运动馆、俱乐部或幼儿园每年都有几次亲子活动，有时是运动会，有时是科学艺术体验，有时是外出参观。组织亲子活动，以亲子运动为例，可以从活动目的、对象、内容、组织要素和教学操作要点五个方面考虑。

(一)亲子活动的目的

(1)增进家庭情感和亲子关系。

(2)普及幼儿体育教育理念，把陪伴幼儿运动的技能传授给家长。

(3)增加家长运动量，让家长切身体会到幼儿进行中强度运动的益处。

(4)让教师与家长建立亲近的关系，并与家长建立能够接受孩子轻微受伤的信赖关系。

(二)亲子活动的对象

(1)2—3 岁家庭

(2)3—4 岁家庭

(3)4—5 岁家庭

(4)5—6 岁家庭

通常是妈妈带领孩子参加亲子活动，爸爸出席比较少，应多鼓励爸爸参加亲子活动。也有老人或保姆代替父母参加亲子活动的情况，要注意观察孩子的情绪表现和心理活动。无人带领的孩子，应分配教师带领。

(三)亲子活动的内容

(1)一个人完成的徒手游戏，家长和孩子都能独立完成。

(2)两个人一起完成的徒手游戏，需要家长和孩子共同完成。如跑、跳、钻、爬等，要有“行走是一切运动基础的基础”的认知，并在课程与生活中融入大量的相关活动。

(3)两个人一起完成的操作类游戏，运用生活中简单的道具，如毛巾、报纸、塑料瓶等。

(4)多个家庭一起合作或竞争的游戏，最终目的是亲子同乐，各个家庭都应被赞美和鼓励(见图 7-19、图 7-20 和图 7-21)。

图 7-19　2—3 岁亲子体育课

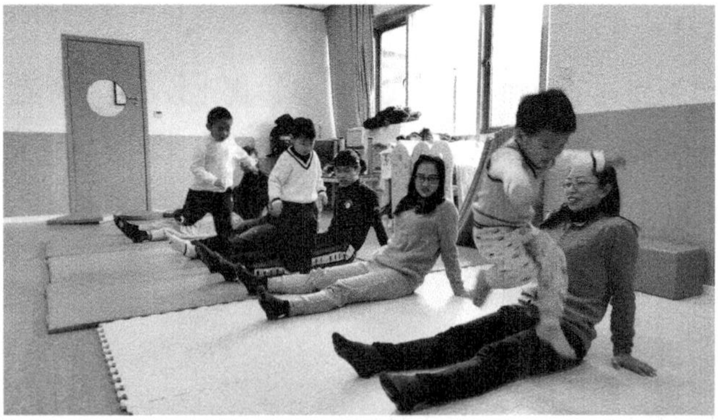

图 7-20　亲子合作游戏

图 7-21 亲子互动

（四）亲子活动的组织要素

1. 场地选择

根据季节和天气，选择相对空旷的场地。如果是舒适的春秋季节，可在晴天选择空旷的室外空间；如果是夏冬季，建议在室内场馆进行。场地周围的设施和道具要相对较少，减少安全隐患和可能分散孩子注意力的因素。

2. 时间选择

通常亲子活动都选择在双休日和节假日期间，方便家长参加。如果是在室外场地，早上 9 点或 10 点为宜。如果是炎热的夏季，建议在下午 4 点以后进行。如遇到下雨，请根据提前做好的下雨预案，及时转场。

3. 物资准备

幼儿体育亲子活动不仅要满足幼儿的需要，也要满足家长的需要和家庭的需要。物资的准备不仅是人均充足的教学活动道具，还包含活动前的物资准备、活动后的物资撤离等，如抵达前的停车指示、卫生间使用等提示，接待时的签到表准备，家庭亲子礼物的准备，饮水的准备等。

4. 人员分工

按照活动策划、后勤筹备、教学实施、接待服务四个方面对参与人员进行明确分工，落实到人。

(五)亲子活动的教学操作要点

(1)主教相当于总导演，起到示范主导和整体把控作用。

(2)助教若干，分布在队伍的后方，以免干扰家长和幼儿的视线。

(3)平均分配场地，注意队形结构，按家庭身高从矮到高排列。

(4)根据活动内容和步骤，助教主动协助主教调整队伍的站位。

(5)助教随时观察情况，及时协助或指导需要帮助的家庭，包括但不限于幼儿突然要上卫生间、喝水、哭闹等情况。

(6)一般会有无法适应现场情境或无法参与其中的幼儿和家庭，请及时做好安抚和关照的工作，鼓励他们在一旁休息和观看。

(7)整个亲子活动时间不宜过长，通常在1个小时以内，减少中间器材摆放与组织的调动时间。

(8)及时收集亲子活动评价和反馈。现场孩子和家长的笑容、口头满意度评价，当天家长们朋友圈的转发情况，都可以作为评价亲子活动的参考指标。

第八章　教得怎么样？——教学效果的评定

日本著名幼儿体育专家、早稻田大学教授前桥明先生经常会提到一个故事，大意是说，在东京某地的一次幼儿体育公开课上，很多老师参加了一个著名老师的公开课。这位老师的教学经验非常丰富，不论是教案的编写、活动的组织，还是教学目标的实现都几乎无可挑剔，得到了在场所有观摩老师的赞赏和掌声。而在快下课时，一个小姑娘怯生生地举手问话，却让很多人改变了看法，因为这位小姑娘问的是："老师，我们可以开始玩了吗？"就这么一句平平无奇的话，在前桥先生看来，却胜过千言万语。因为，在幼儿眼里，老师从头到尾都在训练他们，而不是和他们一起玩！所以，从幼儿体育游戏化的角度看，这节课是失败的。由此可见，课堂的趣味性是非常重要的，尤其是幼儿眼中的好玩有趣。

第一节　评价一节好课的七个要点

我们评价一节好课，一般会有以下七个常见的指标，或者说要点。

一、安全

幼儿体育教育的主要目的，就在于培养幼儿健康的体魄。如果为了健康丢了安全，无疑是本末倒置，得不偿失，不仅幼儿本身受到伤害，家长的心理，乃至授课老师在业内的声誉，都要受到影响。所以，安全是一节好课的第一要点。

二、有效

现在很多人，尤其是幼儿园的老师，由于提倡运动游戏化，结果把游戏和运动混为一谈，我们一定要明确游戏与运动的关系。对于幼儿体育教学，运动是本质，游戏只是形式，如果不能锻炼到儿童的身体，那就不是合格的运动。评价一节运动课是否有效，最直观的指标就是是否出汗，出汗代表着幼儿的自律神经得到了锻炼，这对增强幼儿免疫力，使其适应环境，尤其是温差的变化，具有重要意义。

三、有趣

培养幼儿健康的体格需要一个过程，不能一蹴而就，让幼儿喜欢上运动，养成爱运动的习惯才是根本。所以，幼儿喜不喜欢，也是评价一节运动课的核心指标。类似“老师，我们可以再玩会儿吗”“老师，我们什么时候可以再一起玩儿”之类的表达幼儿依依不舍的语言，是检验趣味性最直接有效的指标(见图 8-1 和图 8-2)。

图 8-1　孩子眼中的有趣

图 8-2 教师眼中的有趣

四、科学

安全保证了，运动量达到了，玩得开心了，这就够了吗？远远不够。幼儿体育的基础在于幼儿动作的全面发展，如果运动项目太单一，或者运动项目和幼儿身体发育不匹配，一样不能算是一节好课，这就需要教师具备过硬的理论知识和专业技能。

五、社会性

社交是人的基本需求，从小养成交朋友的习惯，相信团队的力量，对于幼儿的培养而言，重要性不言而喻。一个不会交朋友的孩子，长大后他的社交能力和生活幸福指数都会受限。

六、规则

每一个领域的教学都有纪律与要求，每一个游戏都有玩法与规则。在游戏与运动中培养规则意识，是让幼儿遵守规则、敬畏规则最好的方法(见图 8-3)。幼儿时期遵守游戏规则，长大成人后就会遵守社会规则和法律法规，成为合格公民。

图 8-3　讲解规则

七、教师参与

幼儿体育的特点在于模仿。由于教师在幼儿心目中的神圣地位，教师的言行对幼儿的行为具有不可估量的影响。所以，与成人教育中的教师参与程度不同，幼儿体育要求教师尽可能地与幼儿一起互动(见图 8-4 和图 8-5)。

图 8-4　师生互动

图 8-5　融入教学

第二节　评价幼儿体育教师与评价教学成果的关系

一般对于教学成果的评价，最直观的是看教学主体，也就是对幼儿的评价，这是教学成果的直接呈现。在幼儿评价层面，为了让幼儿家长、幼儿园园长和老师、机构经营者和教练等能清楚地看到效果，我们一般会在三个方面选择指标。

一、基本健康指标

基本健康指标是指幼儿在幼儿园的病假率、近视率和肥胖率。病假率可以从幼儿的出勤情况中直观看出，近视率也可以从幼儿是否戴眼镜直观看出，肥胖率同样可以一眼看出。这种一眼就可以看出的身体健康类数据指标，是幼儿体育教学效果最直观的表现之一，评价对象是一个群体。

二、运动表现指标

运动表现指标，是指垫上、单杠、跳箱、云梯等动作的指标。这类动作表现由于具有较强的视觉效果，为很多家长和老师所青睐，幼儿若能完成也会因此产生较大的运动自信，是幼儿体育教学中的难点(见图 8-6 至图 8-10)。

图 8-6　踏板跳上

图 8-7　支撑跳跃

图 8-8　单杠支撑

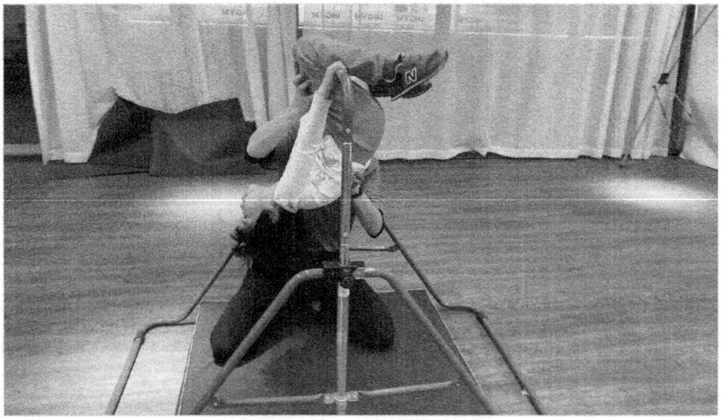

图 8-9 屈膝悬挂

图 8-10 踏板跳远

三、数据测评指标

数据测评指标包括体质和动作发展类指标。这类指标用国家和国际通行的测评标准，用持续的数据跟踪呈现的方式更科学地对幼儿进行体质和大脑发育的多方位评价，比起前两类指标，更具备说服力。

除了以上三点，幼儿平时的精神面貌、自信心、挑战欲和规则意识等，都可以成为辅助的评价指标。同时，我们也应该看到，从以上三类指标出发的对于教学主体的评价，并不全面。比如我们在本章开头所说的故事，在那位教师的带领下，幼儿的上述三方面指标可能都表现得很好，但是孩子们不喜欢的体育课，就不是最好的体育课。所以，针对教师的评价，我们还要站在科学和教育的角度，进行更加全面的评估。在幼儿体育教育领域，我们尤其要重视来自幼儿的体验和感受，以幼儿的视角来评价教师。

第三节　阶段性评价考虑的三个方面

评价的目的是检验和服务教学，而课程目标的实现，是一个中长期的过程，是分阶段的。这就涉及阶段性评价的问题，我们一般考虑以下三点。

一、评价教学主体的学习效果

课后评价幼儿的学习效果，与课前设置好的教学目标进行比较，查缺补漏，找出问题，归纳出教学难点和教学重点，并修正当前阶段的教学目标和教学教案，使得课程得以不断完善。

二、调整下一阶段的教学设计

在上述修正的基础上，调整下一阶段的教学目标和教学教案，以保证教学内容可以符合教学主体，即幼儿的需求，保证幼儿的积极主动性和教学进度的顺利推进。

三、反思教师自身存在的不足

找出教学主导即授课教师的不足，进行有针对性的调整。比如，可以看看是理论和理念的认识不足，还是实操经验上的不足，还是前文“5 颗心”的问题等。

总之，阶段性评价，是为了给总体教学目标的实现提供反馈和保障，是教学过程不可或缺的一部分，不仅需要评价幼儿，也要评价教师，使得教学相长，达到最好的教学效果。

第九章　如何安全地教？——幼儿体育教育安全防控

安全问题是老生常谈的问题，长期以来深深困扰着幼儿园教师、家长和体育培训机构，已经成为开展幼儿体育活动的一大障碍。由安全问题所导致的因噎废食现象普遍存在，降低运动难度、减少运动体验和压缩运动时间是部分家长和老师采取的应对办法，这种无奈之举违背幼儿身心发展规律和教育教学原则，严重影响了幼儿的健康成长和全面发展。幼儿体育教育安全防控至关重要，一线教师既需要科学的安全理念，也需要具体的防控策略。

第一节　更新安全理念

本书将幼儿体育安全问题放在最后一章并非淡化安全的重要性，而是对安全问题有着不同视角的理解，以下从三个方面来谈安全理念。

一、安全存在于每一个教学细节中

在我们看来，单独谈安全防控是笼统空泛的，对于实操的指导意义不大。体育教师在教学的每一个具体环节都要保证安全性。安全问题包括前面论述的八个部分，有关安全的操作也点点滴滴地细化、分解在里面。也就是说，如果一名教师了解幼儿的身心特征，熟悉教学对象，制定的教学目标客观，设计的教学内容合理，层层递进实施教学步骤，使用规范标准的体育器材，采用针对性的教学方法，教学过程中注重观察与评价，那么他的教学必然是安全的；脱离了这些教学要素和环节去谈安全，总会给教师们“水中月、镜中花”的感觉。

二、简单不等于安全，复杂不等于危险

在一般人的观念中，简单、容易的体育动作是安全的，比如走路、跑步、跳绳等；复杂、有难度的体育动作是危险的，比如跨越、滚翻、倒立等。这种观念，在幼儿体育的教学中体现得淋漓尽致。然而，笔者与某保险公司合作收集统计一所250人的幼儿园2018年9月至2019年9月一年幼儿的受伤案例，结果显示，幼儿在体育活动中的受伤概率小于其他方面的受伤概率。一年中，该保险公司共受理27个孩子的意外险理赔，其中，幼儿在幼儿园受伤的原因包括追逐打闹、走路摔倒、跑跳磕伤、争抢玩具抓破脸、打架等，只有3例发生在体育活动中，1例因地面不平崴脚，另2例属轻微的擦伤和磕伤。生活中幼儿受伤的原因主要是骑平衡车、滑板车摔倒，踩球踩空，被狗咬伤等。这和我们想象的情况并不相同，究其原因，一方面是幼儿平衡能力差，运动体验少，生活中自我保护意识不强，即使简单的动作，如果疏于管教，受伤的情况随时都会发生；另一方面，幼儿园组织的大都是基础性的动作发展练习，偶尔组织复杂的游戏，如果师生集中注意力，遵守规则，安全性自然提高。

让我们再把目光转移到体能馆里，培训通常为精品小班，师生比高于幼儿园的班制授课制师生比，有的高达1∶3，甚至一对一。在这种情况下，如果教师循序渐进提高幼儿的身体素质，区别设置难度，做好技能教学中对幼儿的保护与帮助，那么诸如翻越、跨栏、单杠、倒立等技术动作的安全性和走路、跑跳等的并没有本质的区别(见图9-1)。

图 9-1　有难度的“猜丁壳”

三、增强运动中的自我保护意识

根据教育部印发的《学校体育运动风险防控暂行办法》(2015)，运动风险是指学校体育运动过程中可能发生人员身体损伤的风险，体育运动伤害事故是指体育运动中发生的造成人员身体损伤后果的事故。既然是“可能”发生的人员身体损伤，就说明了这种情况是无法完全避免的，也可以理解为受伤是运动的属性之一。但严重的教学安全事故和交通事故或生产事故一样，都是可以预防的，即每一次大的运动受伤如脱臼、骨折、脑震荡等背后必然存在多方面违反教学规律或原则的行为。我们只有遵循教学规律，才不会出现严重的伤情。

那么，怎样减少轻微受伤的概率呢？养成健康的运动习惯，提高幼儿自我保护意识，从单纯的教师外在保护转为教师的外在保护和幼儿的自发防护相结合，以丰富多样的体验来培养幼儿的自我保护意识和自我防护能力，提高幼儿判断风险的能力和遇到危险时的自我保护能力。如从高处跳下的练习，教师先引导幼儿进行前脚掌支撑身体的提踵游戏，后让幼儿从 30 厘米的高度跳下，练习屈膝缓冲，之后高度增加到 50 厘米、100 厘米或更高，让幼儿不断体会前脚掌着地，屈膝缓冲，以及必要的手撑地(见图 9-2)，那么他以后从高处跳下时受伤的概率会大大降低。

图 9-2 侧身跳下

第二节 把握安全要点

在上一节三点安全理念的基础上，通过大量的观察，结合丰富的实操经验，我们总结认为把握以下八点，可以大大提高幼儿体育活动的安全性。

一、将可控风险降到最低

有些运动损伤属于概率事件，我们难以杜绝它们的发生。而有些风险是可控的，是可以排除的。比如运动环境的安全隐患，体育器材的老旧腐蚀，再细化些，户外运动的垫子是否容易滑动？室内体育游戏时窗户是上开的还是下开的？孩子起跳的高度是否会导致他碰触到窗户？等等。教师课前应排除隐患，尽力将这些可控风险降到最低(见图 9-3)。

图 9-3 排除隐患

二、重视并延伸准备活动的意义

通常我们认为，准备活动的意义主要包括三个方面：使体温升高，减少肌肉黏滞性，增加弹性，预防损伤；使大脑皮层处于兴奋状态，以适应新的强度刺激；进行辅助练习，为上课做准备(见图 9-4)。在幼儿阶段，还应延伸准备活动的意义，如在准备阶段观察幼儿的精神状态，对于情绪低落的幼儿给予区别对待，他们或因身体不适，或因分离焦虑而情绪低落，不可迫使幼儿统一化。此阶段还能发现运动能力较好的幼儿，可为下一阶段的分组、示范做准备。最后，可有意创设与本节课主要目标相关的情境，自然衔接到主题内容。

图 9-4　准备活动

三、技能教学严格遵循习得规律

幼儿常以自我为中心，做出不客观的判断，有时出于自尊心的需要，表现出过度自信的情况。如有些幼儿看到其他幼儿做出鱼跃前滚翻的动作(见图 9-5)，在家长的怂恿下便开始跃跃欲试，甚至直接助跑开始尝试，此时是比较危险的：没有手臂支撑身体的经验，可能会直接趴在垫子上碰到鼻子；没有勾头动作可能会扭伤颈椎；没有蹬地发力也很难翻过去，出现以头支地身体倒立的情况。所以，作为专业教师，要掌握基本的技能形成常识，从分解动作到完整动作，从原地动作到移动动作，从动作形成到技能运用，以此教会幼儿。

图 9-5　鱼跃前滚翻

四、务必监管所有学生

不管体能课有几个幼儿，无论体能馆有多大面积，务必在教学时或放松休息时监管所有幼儿，选择合适的位置，使所有幼儿处在你的视线范围内(见图 9-6)。通常情况下，教学时师生保持互动、队列整齐、练习有序，反而是课间休息或自由活动期间容易出现问题。所以在自由活动时间里教师要做到：明确哪些是游戏空间，哪些区域不可以去；先环视整体，再关注局部，不要长时间地把焦点放在个别孩子身上，更不要玩手机、喝茶聊天。对于处于分散状态下的、无人监管的孩子，各种可能都会发生，不可掉以轻心。

图 9-6　监管整体

五、站位于运动节奏的改变点

在幼儿运动的过程中，对于难度较低的动作，教师可直接参与进来，不要当指导者、组织者、旁观者。体能馆的孩子较少，教师的加入会增加游戏的趣味性和不确定性，让幼儿在模仿中自然提高动作难度，丰富练习形式。而对于有难度的动作，教师应做出必要的保护与帮助。对于非位移技能的保护与帮助，教师应站位于侧面、前面或后面，依情况而定；对于移动性技能的保护与帮助，尤其是带有节奏改变的移动性技能，如跨栏跑、折线跑、跳山羊、鱼跃前滚翻、跑与跳的结合、跑与翻越的结合等的保护与帮助，教师应站位于栏架前、锥桶旁、“山羊”边、垫子侧面等，尽量让自己的优势手处于便利的位置，随时为幼儿做好保护准备(见图 9-7)。

图 9-7 合理选位

六、尽量做到整齐统一，令行禁止

幼儿注意力不能长时间保持集中，有时沉浸于游戏情景，对教师的口令不能做到快速执行，需要日常强化。整齐统一为幼儿树立模仿的对象，使大部分幼儿能规范做动作(见图 9-8)，如滚翻，统一从垫子一侧翻到垫子另一侧是安全的，两侧对翻是不安全的。教师在日常教学中应加强幼儿的规则意识，强化令行禁止的概念，可将肢体符号语言和口哨声与指令动作对应起来，如：教师手势握拳曲肘代表一路纵队；手臂平伸代表站成一排；口哨一声长音表示动作开始，一声短音提醒注意，两声长音表示全体集合。无论多少幼儿或什么样的练习环境，按顺序、听指令就意味着安全性的提高。

图 9-8　整齐统一

七、让幼儿主动发力

在跳高、悬垂时，随着难度的提高，有时幼儿在具备一定能力的情况下仍然不敢尝试，这时就需要教师的语言鼓励和保护帮助。如跳上跳箱，教师正面站在跳箱上向幼儿伸手，让幼儿抓住教师的手指属于主动发力，在幼儿不适时会自然松开(见图 9-9)；如果教师抓住幼儿手臂上提，幼儿则被动受力，在幼儿产生疼痛时，教师从听到声音到松开手臂需要一定时间，由此延迟的时间内幼儿手腕可能已经受伤。抓住幼儿手臂腾空旋转幼儿身体是有些老师或家长常犯的错误，很容易造成幼儿手腕受伤或肩关节脱臼，如果是幼儿抓住老师的中指与无名指，老师的其余手指锁扣幼儿手背，形成双方半主动发力形式，就能大大提高安全性。

图 9-9　主动发力

八、要有预见性和灵活调整的能力

幼儿体育教师应注重运动体验的积累，由此提高各种动作练习时运动损伤的预见性(见图 9-10)。如跳高、跳下练习中膝、踝等关节容易损伤；篮球练习时幼儿手指、手腕容易受损；徒手练习时幼儿不能站得太拥挤，严禁打闹；器械操作教学，仔细衡量时间和空间因素，练习前要反复强调安全注意事项和器械的使用步骤。在练习中，教师要仔细观察幼儿的出汗量、呼吸状况、动作流畅程度、精神情绪等，一旦幼儿出现大量出汗、呼吸急促、动作失调、精神倦怠等表现，应马上做出灵活调整，始终使运动强度、难度和负荷处于幼儿可承受的范围之内。

图 9-10　保护与帮助

参考文献

1. 施银燕，蔡宏圣．基于儿童学习心理的理性风范——张兴华小学数学教学流派研究[J]．江苏教育，2010(Z1).

2. 董翠香．核心素养导向的体育与健康教学设计[M]．上海：上海教育出版社，2020.

3. 毛振明，赖天德．体育情境教学的困惑[J]．中国学校体育，2006(1).

4. 中华人民共和国教育部．3—6 岁儿童学习与发展指南[M]．北京：首都师范大学出版社，2012.

5. 张英波，夏忠梁．动作学习与控制[M]．北京：北京科学技术出版社，2019.

6. Greg Payne，耿培新，梁国立．人类动作发展概论[M]．北京：人民教育出版社，2008.

7. 周登嵩．学校体育学[M]．北京：人民体育出版社，2004.

8. 饶清．小学体育器材一物多用的方式探究[J]．新课程(小学)，2016(12).

9. 王敏勤．“同课异构”教学反思例谈[J]．中国教育学刊，2008(6).

10. 樊纪良．“仿生”思想应用于体育教学的思考[J]．中国学校体育，2009(S2).